Volker Drosse | Ulrich Vossebein

Allgemeine Betriebswirtschaftslehre

INTENSIVTRAINING

Der günstige Preis dieses Buches wurde durch
großzügige Unterstützung der

MLP Finanzdienstleistungen AG Heidelberg

ermöglicht, die sich seit vielen Jahren als Partner der
Studierenden der Wirtschaftswissenschaften versteht.

Als führender unabhängiger Anbieter von Finanzdienstleistungen für akademische Berufsgruppen fühlt
sich MLP Studierenden besonders verbunden. Deshalb
ist es MLP ein Anliegen, Studenten mit dem
MLP-REPETITORIUM Informationen zur Verfügung zu
stellen, die ihnen für Studium und Examen großen
Nutzen bieten, der sich schnell in Erfolg umsetzen lässt.

MLP-REPETITORIUM

Volker Drosse | Ulrich Vossebein

Allgemeine
Betriebswirtschaftslehre

INTENSIVTRAINING

3. Auflage

REPETITORIUM WIRTSCHAFTSWISSENSCHAFTEN
HERAUSGEBER: VOLKER DROSSE | ULRICH VOSSEBEIN

PROF. DR. VOLKER DROSSE ist Fachleiter für Controlling und Rechnungswesen
an der FOM in Essen.

PROF. DR. ULRICH VOSSEBEIN lehrt Allgemeine Betriebswirtschaftslehre und
Marketing an der Fachhochschule Gießen-Friedberg und ist Unternehmensbe-
rater in den Bereichen Qualitätsmanagement und strategisches Marketing.

Bibliografische Information Der Deutschen Bibliothek
Die Deutsche Bibliothek verzeichnet diese Publikation in der Deutschen Nationalbibliografie;
detaillierte bibliografische Daten sind im Internet über <http://dnb.ddb.de> abrufbar.

1. Auflage 1997
.
.
3., überarbeitete Auflage Mai 2005

Alle Rechte vorbehalten
© Betriebswirtschaftlicher Verlag Dr. Th. Gabler/GWV Fachverlage GmbH, Wiesbaden 2005
Der Gabler Verlag ist ein Unternehmen von Springer Science+Business Media.
www.gabler.de

Gedruckt auf säurefreiem und chlorfrei gebleichtem Papier

Lektorat Jutta Hauser-Fahr / Walburga Himmel
Jmschlagkonzeption independent, München

ISBN-13: 978-3-409-32611-7   e-ISBN-13: 978-3-322-86756-8
DOI: 10.1007/978-3-322-86756-8

Vorwort zum Repetitorium Wirtschaftswissenschaften

Das Repetitorium Wirtschaftswissenschaften richtet sich an Dozenten und Studenten der Wirtschaftswissenschaften, des Wirtschaftsingenieurwesens und anderer Studiengänge mit wirtschaftswissenschaftlichen Inhalten an Universitäten, Fachhochschulen und Akademien. Es ist gleichermaßen zum Selbststudium für Praktiker geeignet, die auf der Suche nach einem fundierten theoretischen Hintergrund für ihre Entscheidungen in den Unternehmen sind.

In allen Bänden des Repetitoriums wird besonderer Wert auf Beispiele, Übersichten und Übungsaufgaben gelegt, die die Erarbeitung des jeweiligen Lernstoffs erleichtern und das Gelernte festigen sollen. Zur Sicherung des Lernerfolgs dienen auch die zahlreichen Tipps zur Lösung der Aufgaben, die vor einem Vergleich der eigenen Lösung mit der Musterlösung eingesehen werden sollten. Sie enthalten einerseits die Resultate der Musterlösungen und zum anderen Hinweise zum Lösungsweg.

Dieser Grundkonzeption folgt auch die dritte Auflage der „Allgemeinen Betriebswirtschaftslehre". Im Vergleich zur zweiten Auflage wurde insbesondere das Kapitel über die Rechtsformen den neuen gesetzlichen Regelungen angepasst. Darüber hinaus wurde das gesamte Buch einer kritischen Durchsicht unterzogen.

Für Anregungen, die der weiteren inhaltlichen und didaktischen Verbesserung des Repetitoriums dienen, sind wir dankbar.

Die Herausgeber

Volker Drosse   *Ulrich Vossebein*

Inhaltsverzeichnis

1. Einleitung

Zum Verständnis betriebswirtschaftlicher Zusammenhänge muss man sich zunächst mit der Frage beschäftigen, warum die Menschen überhaupt „wirtschaften" müssen und ob eine grundlegende Vorgehensweise bei diesen Aktivitäten vorliegt. Aus diesem Grund werden am Anfang dieses Buches der Untersuchungsgegenstand der Betriebswirtschaftslehre, dessen Einbindung in das System der Wissenschaften sowie die Wechselwirkungen zu anderen Wissensgebieten aufgezeigt.

Zielsetzung: Gründung eines Unternehmens

Konstitutive Entscheidungen

→ Gegenstand der unternehmerischen Tätigkeit

→ Wahl des Standorts

→ Wahl der Rechtsform

Abbildung 1.1: Konstitutive Entscheidungen

Vor der Diskussion der konstitutiven Entscheidungen (Abbildung 1.1) einer Unternehmensgründung werden einige betriebswirtschaftliche Grundbegriffe definiert, wobei unter anderem auf die Unterschiede zwischen Auszahlungen, Ausgaben, Kosten und Aufwand bzw. Einzahlungen, Einnahmen, Leistung und Ertrag eingegangen wird. Weiterhin werden Kennzahlen zur Bewertung des unternehmerischen Ergebnisses vorgestellt.

Am Anfang jeder Unternehmensgründung steht zunächst die Frage, welche Ziele man mit dieser Vorgehensweise verbindet. Darüber hinaus muss festgelegt werden, welche Produkte - Sachgüter bzw. Dienstleistungen - am Markt angeboten werden sollen. Neben der Bestimmung des Zielmarktes ist zu entscheiden, ob man ein völlig neuartiges Produkt oder einen Nachbau bereits am Markt verfügbarer Produkte entwickeln möchte.

Die Wahl des Standorts des Unternehmens hängt von einer Vielzahl von Faktoren ab und sollte sehr sorgfältig vorbereitet werden. Neben steuerlichen Aspekten sind hierbei unter anderen Faktoren wie politische Rahmenbedingungen, Grundstückspreise und die Verfügbarkeit von Arbeitskräften zu berücksichtigen. Ähnlich umfangreich sind die Vorarbeiten zur Bestimmung der Rechtsform, unter der das Unternehmen am Markt auftreten soll. Zur Auswahl stehen sowohl unterschiedliche Personen- als auch Kapitalgesellschaftsformen. Weiterhin bietet der Gesetzgeber die Möglichkeit, Mischformen zu wählen, bei denen sowohl Elemente aus Personen- als auch aus Kapitalgesellschaften auftreten. Zur Verbesserung der Wettbewerbsstärke können verschiedene Arten der Unternehmenszusammenschlüsse gewählt werden, wobei dies als loser Zusammenschluss in Teilbereichen der Unternehmen bis hin zur Fusion erfolgen kann.

Die Grundlage aller unternehmerischen Tätigkeiten bilden die zur Verfügung stehenden Produktionsfaktoren (= Inputfaktoren). Hierzu zählen sowohl die Mitarbeiter als auch die Maschinen, die Rohstoffe, die Betriebsmittel sowie die sonstigen Inputfaktoren. Damit diese Inputfaktoren zielgerichtet eingesetzt werden können, müssen die Einflussfaktoren auf den Wirkungsgrad der Produktionsfaktoren analysiert und das Ergebnis in entsprechende Maßnahmen umgesetzt werden. Eine besondere Aufgabenstellung hat das Management eines Unternehmens zu erfüllen. Je größer eine Unternehmung und je ausgeprägter die interne Arbeitsteilung ist, desto wichtiger wird es, dass ein Management dieses komplexe System so führt, dass jeder Beteiligte die unternehmerische Zielsetzung sowie seine Aufgaben in der Organisation kennt, damit nicht einzelne Abteilungen, sondern das gesamte Unternehmen am Ende der Planungsperiode ein positives Ergebnis erzielt.

Auf die verschiedenen Güter- und Geldströme, die sowohl zwischen den einzelnen Abteilungen als auch zwischen dem Unternehmen und der Außenwelt fließen, wird im Rahmen der allgemeinen Einführung nicht eingegangen. Sie sind Gegenstand der anderen Bände dieses Repetitoriums. Beispielsweise beschäftigt sich der Band „Marketing" mit der Leistungsverwertung, wohingegen bei den Bänden „Investition" und „Finanzierung" die Geldströme im Vordergrund stehen.

2. Gegenstand der Betriebswirtschaftslehre

2.1 Gründe für wirtschaftliches Handeln

2.1.1 Bedürfnis, Bedarf, Nachfrage

Der Grund, dass man sich intensiv mit dem „Wirtschaften" auseinandersetzen muss, ist darin zu sehen, dass die angebotenen Güter und Dienstleistungen in der Regel nicht ausreichen, um die Bedürfnisse der Menschen zu befriedigen. Zur Vereinfachung der Darstellung wird im Weiteren der Begriff Güter als Oberbegriff für materielle Güter und Dienstleistungen verwendet.

Wirtschaften bedeutet, die zur Verfügung stehenden knappen Ressourcen planvoll einzusetzen, um damit direkt oder indirekt Bedürfnisse befriedigen zu können.

Neben den Bedürfnissen betrachtet man zusätzlich noch den Bedarf und die Nachfrage.

Bedürfnisse sind die Antriebskraft für menschliche Handlungen und können als Mangelgefühl mit dem Wunsch der Bedürfnisbefriedigung beschrieben werden.

Der Bedarf stellt im Gegensatz zu den immateriellen Bedürfnissen eine Konkretisierung dar, das bedeutet, dass der Bedürfnisträger angeben kann, welche Güter er zur Befriedigung möchte.

Zur Nachfrage wird der Bedarf erst dann, wenn der Nachfrager über die finanziellen Mittel zur Bedarfsdeckung verfügt und auch bereit ist, diese zur Bedarfsdeckung einzusetzen.

Beispiel 2.1: Bedürfnis, Bedarf, Nachfrage

Verspürt ein Individuum den Wunsch, in den Urlaub zu fahren, ohne den genauen Zielort angeben zu können, spricht man von einem Bedürfnis. Wird dieses Bedürfnis dahingehend konkretisiert, dass ein konkreter Urlaubsort in Frankreich genannt werden kann, wird aus dem Bedürfnis ein Bedarf. Zur Nachfrage entwickelt sich dieser Bedarf, wenn die Person über die finanziellen Mittel verfügt, um die Reise nach Frankreich bezahlen zu können und sie bereit ist, die Mittel auch für diesen Zweck auszugeben.

Diese Dreiteilung ähnlicher Sachverhalte erscheint im ersten Augenblick häufig als nicht notwendig, ist aber zum Beispiel im Marketingbereich von großer Bedeutung.

Bei den Bedürfnissen kann man zwischen individuellen und kollektiven Bedürfnissen unterschieden, je nachdem, ob die Bedürfnisse von einem Individuum ausgehen oder aufgrund des Zusammenlebens in einer Gruppe entstehen.

Beispiel 2.2: Individuelle und kollektive Bedürfnisse

Das Bedürfnis nach nationaler Sicherheit, politischer Stabilität, Wirtschaftswachstum, Achtung der Menschenrechte sind Beispiele für kollektive Bedürfnisse. Aber auch die Bedürfnisse nach einem gut ausgebauten Verkehrsnetz, kulturellen Einrichtungen, die Versorgung mit Wasser, Strom etc. sowie einer ausreichenden Straßenbeleuchtung fallen in der Bundesrepublik in diese Kategorie, da bei vielen Individuen diese Bedürfnisse auftreten. Individuelle Bedürfnisse sind beispielsweise der Wunsch, zu essen, zu schlafen, soziale Anerkennung zu erhalten bzw. sich selbst zu verwirklichen (vgl. Abbildung 2.1).

Zur Strukturierung der Bedürfnisse wurden verschiedene Modelle entwickelt. Eine Möglichkeit ist zum Beispiel die Bedürfnispyramide von Maslow (vgl. Abbildung 2.1). Dieser Ansatz wurde zwar vielfältig kritisiert, verdeutlicht aber trotzdem gut, dass nicht alle Bedürfnisse auf einer einheitlichen Stufe einzuordnen sind. Maslow wollte mit diese Art der Darstellung aufzeigen, dass die Entwicklung bestimmter Bedürfnisse von dem bisher Erreichten abhängig ist. Zunächst versucht jedes Individuum seine physiologischen Bedürfnisse (Hunger, Durst, Sexualität, ...) zu befriedigen. Ist ihm dies gelungen, treten die Sicherheitsbedürfnisse in den Vordergrund. Hierzu zählt Maslow unter anderen: Sicherheit, Geborgenheit, Stabilität und Angstfreiheit. Die nächste Stufe bilden die sozialen Bedürfnisse, worunter zum Beispiel die Aufnahme in soziale Gruppen fällt. Die vierte Stufe bildet das Bedürfnis nach Wertschätzung, das heißt die Anerkennung durch die Gruppe, bevor abschließend die Selbstverwirklichung als Hauptbedürfnis auftritt.

Abbildung 2.1: Die Bedürfnispyramide von Maslow

Die aktuelle Position innerhalb dieser Pyramide wird außer von den individuellen Verhältnissen auch von den wirtschaftlichen und gesellschaftlichen Rahmenbedingungen bestimmt. Befinden sich in den westlichen Industrienationen bereits viele Menschen auf der vierten und fünften Stufe, müssen in den Entwicklungsländern die Einwohner teilweise noch um die Befriedigung ihrer physiologischen Bedürfnisse kämpfen.

2.1.2 Wirtschaftliche Güter

In Gliederungspunkt 2.1.1 wurde bereits angesprochen, dass in der Regel die Bedürfnisse das Angebot an Gütern übersteigen, wobei das Angebot aufgeschlüsselt nach der Art und Menge der Güter sowie dem Ort und der zeitlichen Verfügbarkeit betrachtet werden muss. Bei der Analyse des Wirtschaftens beschränkt man sich auf die wirtschaftlichen Güter, für die obige Aussage zutrifft, das heißt die knapp sind. Insgesamt gibt es die in Abbildung 2.2 angegebenen vier Kriterien, die erfüllt sein müssen, damit man von einem wirtschaftlichen Gut spricht. Befindet man sich in einer Marktwirtschaft, dann ergeben sich für alle wirtschaftlichen Güter Marktpreise. In Planwirtschaften wird dagegen der Preis von einer Behörde für viele Produkte festgelegt. Trotzdem handelt es sich auch dann um wirtschaftliche Güter, wenn die vier Kriterien erfüllt sind.

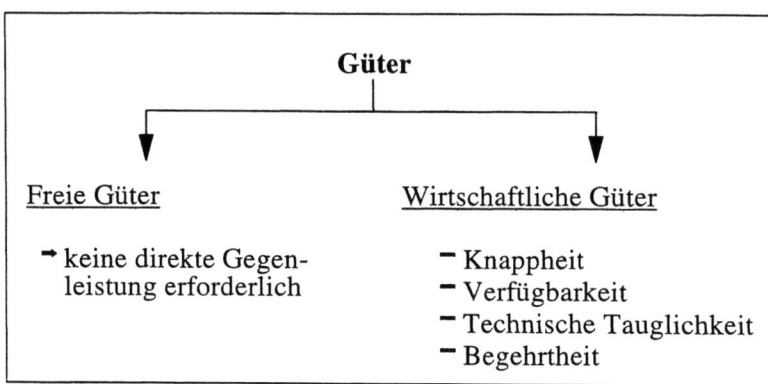

Abbildung 2.2: Güter

Güter, die diese Eigenschaften nicht erfüllen, werden als freie Güter bezeichnet. Die Luft zum Atmen ist zum Beispiel in vielen Bereichen ein freies Gut, wird aber zum wirtschaftlichen Gut, wenn ein Taucher Luft für seine Pressluftflaschen benötigt. Zu beachten ist weiterhin, dass die Eigenschaft „wirtschaftliches" Gut auch vom Zeitpunkt und vom Ort abhängig ist. Das beste Beispiel für die zeitliche Instabilität ist die Tageszeitung. Ist am Erscheinungstag noch eine große Begehrtheit feststellbar, lässt diese einen oder einige Tage später sehr schnell nach, bis die Zeitung schließlich nur noch als Abfall angesehen wird.

2.1.3 Das ökonomische Prinzip

Aufgrund des hohen Anteils an wirtschaftlichen Gütern ist das Wirtschaften eine zentrale Aufgabe der Menschen. Zur Beschreibung der grundsätzlichen Vorgehensweise beim Wirtschaften wurde das ökonomische Prinzip (= Rationalprinzip) entwickelt.

Das ökonomische Prinzip besagt, dass

entweder bei einem gegebenen Mitteleinsatz der Output maximiert wird (Maximalprinzip),

oder

bei einem vorgegebenen Ziel der Mitteleinsatz zur Zielerreichung minimiert wird (Minimalprinzip).

Das ökonomische Prinzip ist als reine Beschreibung menschlichen Handelns anzusehen und macht keine Aussage darüber, ob es sich hierbei um ein „sinnvolles" Ziel handelt. Da in der täglichen Praxis ein rein rationales Verhalten nicht anzutreffen ist, wurden verschiedene andere Theorien entwickelt, um das tatsächliche menschliche Verhalten zu beschreiben. Auf die kann aber in dieser Einführung nicht näher eingegangen werden.

Beispiel 2.3: Das Rationalprinzip

Der Produktionsleiter sieht sich zurzeit folgenden alternativen Produktionsmöglichkeiten gegenüber (vgl. Tabelle 2.1):

Tabelle 2.1: Anwendung des Rationalprinzips

Outputeinheiten	100	120	130	125	110
Einsatz Faktor 1	30	35	40	32	34
Einsatz Faktor 2	40	42	30	45	47

Er hat zum Beispiel die Möglichkeit, 35 Einheiten von Faktor 1 und 42 Einheiten von Faktor 2 einzusetzen, um einen Output von 120 Einheiten zu erreichen. Die Frage lautet nun, ob er alle fünf Alternativen weiterhin verfolgen sollte - Einholen von Angeboten für die Einsatzfaktoren u.s.w. -, oder ob bereits an dieser Stelle bestimmte Alternativen gestrichen werden können.

Wendet man das Rationalprinzip an, dann wird deutlich, dass die Alternative 5, mit 34 Einheiten von Faktor 1 und 47 Ein-

7

heiten von Faktor 2 110 Outputeinheiten zu produzieren nicht gewählt werden wird, da es unabhängig von den Faktorpreisen immer „rationaler" ist, mit 32 Einheiten von Faktor 1 und 45 Einheiten von Faktor 2 125 Einheiten des Outputs zu erzielen. Eine weitere Bewertung der anderen vier Alternativen ist dagegen erst möglich, wenn die Preise der Einsatzfaktoren bekannt sind.

2.2 Träger von Volkswirtschaften

Bevor auf die Betriebe ausführlicher eingegangen wird, soll kurz aufgezeigt werden, wie diese im Rahmen einer Volkswirtschaft einzuordnen sind. Beschränkt man sich bei der Betrachtungsweise auf die wichtigsten Wirtschaftssektoren, kann man eine Volkswirtschaft wie in Abbildung 2.3 darstellen, wobei die Beziehungen zwischen den einzelnen Sektoren nur beispielhaft angegeben sind. Bei den Gütern, die von den öffentlichen Haushalten zu den Unternehmen fließen, handelt es sich um öffentliche Güter wie zum Beispiel Infrastrukturmaßnahmen oder die Leistungen der Finanzämter. Aufgrund dieser Betrachtungsweise, lässt sich eine Volkswirtschaft wie folgt definieren:

Eine Volkswirtschaft ist das Zusammenspiel von verschiedenen Einzelwirtschaften innerhalb eines Staatsraums, die als Produktions- oder

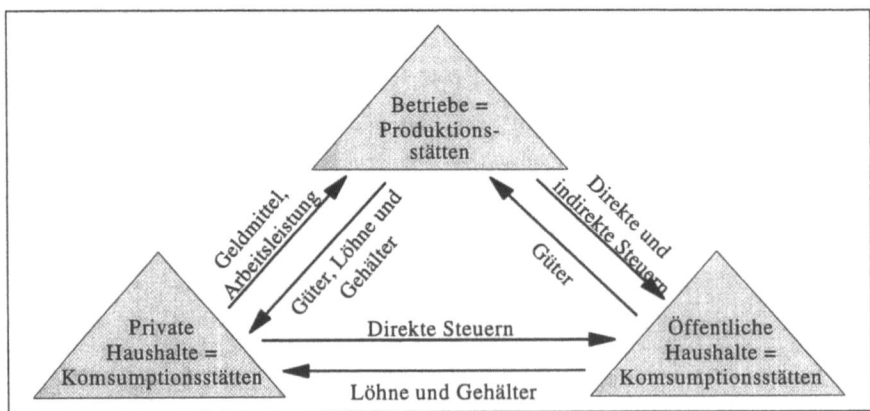

Abbildung 2.3: Träger einer Volkswirtschaft

8

Konsumptionsstätten auftreten und die durch einen intensiven Austausch untereinander verbunden werden, von dem alle Beteiligten abhängig sind.

In Abbildung 2.3 sind nur die inländischen Sektoren einer Volkswirtschaft dargestellt. Alle drei Sektoren unterhalten darüber hinaus in der Regel intensive Beziehungen zum Ausland, auf deren Darstellung aber an dieser Stelle verzichtet werden kann.

Zur Klassifizierung von Betrieben wurden verschiedene Betriebstypologien entwickelt, auf die nachfolgend ausschnittsweise eingegangen wird. Ziel der Typologisierung ist:

● Erhöhung der Übersichtlichkeit,
● Vergleichbarkeit innerhalb und zwischen unterschiedlichen Betriebstypen und
● bessere Bearbeitung homogener Probleme innerhalb einer Typologie.

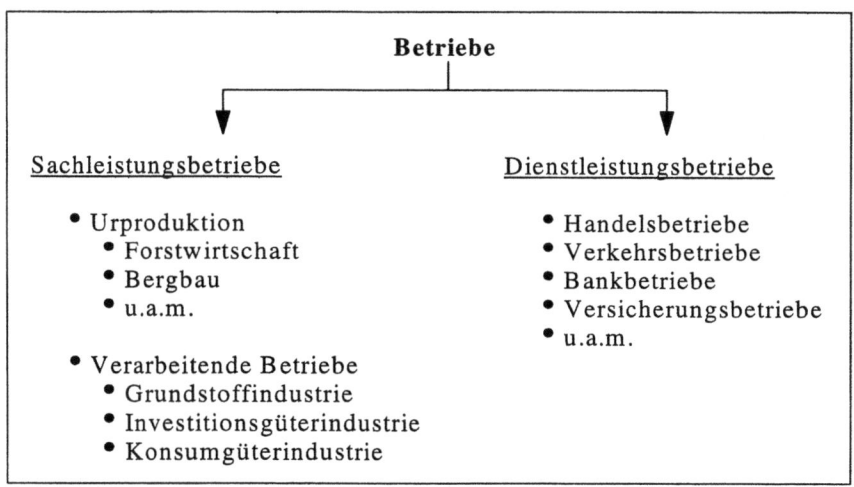

Abbildung 2.4: Betriebstypen

Neben einer Klassifizierung anhand der Betriebsgröße oder der Rechtsform wird häufig eine Einteilung nach der Funktion in einer Volkswirtschaft vorgenommen (vgl. Abbildung 2.4). Eine ähnliche Vorgehensweise wählt das Statistische Bundesamt im Rahmen der Arbeitsstättenzählung.

Die Ergebnisse der aktuellsten Zählung sind in Tabelle 2.2 aufgeführt, wobei es sich hierbei um Angaben für die alten Bundesländer handelt. Diese Art der Erhebung wird nur in sehr großen Zeitabschnitten durchgeführt, so dass zurzeit keine aktuelleren Zahlen verfügbar sind.

Tabelle 2.2: Betriebe nach Wirtschaftsbereichen (1987)

Wirtschaftsbereich	Anzahl	Anteil in %	Beschäftig-tenzahl	Anteil in %
Land- und Forstwirt-schaft, Fischerei	28.962	1,21	137.226	0,62
Energie- und Wasserver-sorgung, Bergbau	6.324	0,26	401.389	1,82
Verarbeitendes Gewerbe	360.463	15,07	8.352.400	37,85
Baugewerbe	186.342	7,79	1.851.652	8,39
Großhandel	129.741	5,43	1.254.491	5,68
Handelsvermittlung	76.667	3,21	165.352	0,75
Einzelhandel	500.715	20,94	2.608.944	11,82
Verkehr und Nachrich-tenübermittlung	122.092	5,10	1.547.283	7,01
Kreditinstitute und Versi-cherungsgewerbe	121.798	5,09	965.771	4,38
Dienstleistungen, soweit von Unternehmen und Freien Berufen erbracht	858.665	35,90	4.784.502	21,68
Summe	2.391.769	100,00	22.069.101	100,00

2.3 Der Einfluss des Wirtschaftssystems

Bei der Beschreibung wirtschaftlicher Güter wurde darauf hingewiesen, dass in einer Marktwirtschaft über den Markt ein Preis für diese Güter gefunden wird. In Planwirtschaften fehlt dagegen diese Art der Preisfindung. Betrachtet man unterschiedliche Wirtschaftssysteme, so kann man feststellen, dass es zur Charakterisierung von Betrieben sowohl systemindifferente als auch systemabhängige Faktoren gibt, wie dies in Abbildung 2.5 graphisch dargestellt ist. Unabhängig vom Wirtschaftssystem werden in Betrieben nach dem ökonomischen Prinzip Produktionsfaktoren kombiniert, um Güter zu erzeugen, und auch der Zwang, seinen Zahlungsverpflichtungen nachzukommen, ist nicht vom System der Wirtschaft abhängig. Auf der anderen Seite wird die Frage nach der äußeren und inneren Autonomie der Betriebe sowie die Gestaltung der Ziele bzw. des Zielbildungsprozesses stark von den Rahmenbedingungen beeinflusst. Entscheidet ein Betrieb in einer Marktwirtschaft autonom über seine Produktions- und Absatzpläne sowie über alle anderen Fragestellungen mit dem Ziel der langfristigen Gewinnmaximierung oder des Erreichens einer bestimmten Kapitalrentabilität, werden in einer Planwirtschaft die Entscheidungen von einer zentralen Planungsbehörde getroffen, wobei der einzelne Betrieb versuchen muss, diese Vorgaben zu erfüllen.

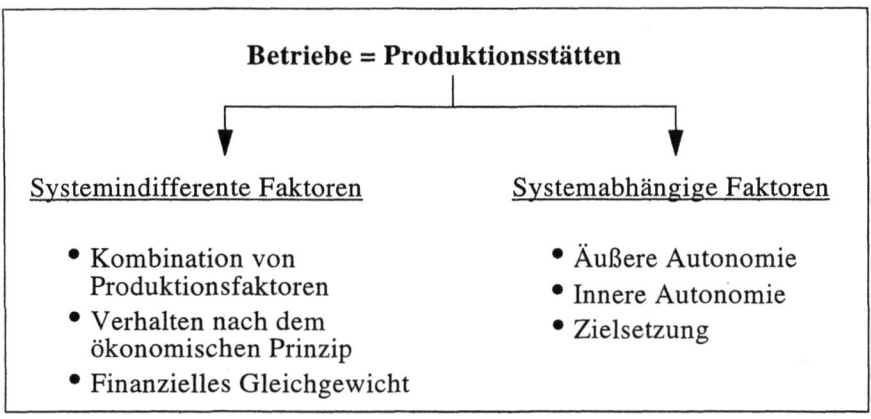

Betriebe = Produktionsstätten

Systemindifferente Faktoren

- Kombination von Produktionsfaktoren
- Verhalten nach dem ökonomischen Prinzip
- Finanzielles Gleichgewicht

Systemabhängige Faktoren

- Äußere Autonomie
- Innere Autonomie
- Zielsetzung

Abbildung 2.5: Wirtschaftssystem und Betriebe

Anhand der Rahmenbedingungen, innerhalb derer sich ein Betrieb befindet, kann man folgende Differenzierung zwischen Betrieben und Unternehmen vornehmen, wobei in der Literatur aber auch andere Abgrenzungen zu finden sind:

Ein Unternehmen ist ein Betrieb in einer Marktwirtschaft, das sich nach dem erwerbswirtschaftlichen Prinzip (langfristige Gewinnmaximierung) verhält.
Ein Betrieb ist eine Produktionsstätte, in der nach dem ökonomischen Prinzip und einer planmäßigen Vorgehensweise Sachmittel und/oder Dienstleistungen produziert werden.

Nach dieser Definition fallen die öffentlichen Betriebe nicht unter den Begriff der Unternehmen, da dort keine erwerbswirtschaftliche Zielsetzung vorliegt.

2.4 Betriebswirtschaftslehre als Wissenschaft

Die Frage, ob die Betriebswirtschaftslehre eine Wissenschaft ist oder nicht, wird in der Literatur sehr unterschiedlich beantwortet. An dieser Stelle wird der Argumentation derjenigen gefolgt, die die Betriebswirtschaftslehre als Wissenschaft ansehen. Die Betriebswirtschaftslehre bildet zusammen mit der Volkswirtschaftslehre die Wirtschaftswissenschaften, die zu den Realwissenschaften zu zählen sind. Neben den Realwissenschaften gibt es noch die Idealwissenschaften, wie zum Beispiel die Mathematik.

2.4.1 Anforderungen an eine Wissenschaft

Die Anforderungen an eine Wissenschaft sowie die Erfüllung dieser Kriterien durch die Betriebswirtschaftslehre kann man wie in Tabelle 2.3 zusammenfassen.

Tabelle 2.3: Betriebswirtschaftslehre als Wissenschaft

Anforderungskriterium	Ausprägung in der Betriebswirtschaftslehre
Erfahrungsobjekt	Betriebe
Erkenntnisobjekt	Wirtschaften in Betrieben
Ziel der Wahrheitsfindung	Aufzeigen der realen Zusammenhänge in Betrieben
Vorliegen einer systematischen Ordnung	Allgemeine und spezielle Betriebswirtschaftslehre

Die wissenschaftlichen Aussagen müssen hierbei folgende Kriterien erfüllen:

- Intersubjektive Vergleichbarkeit,
  die erzielten Ergebnisse müssen für Dritte nachvollziehbar sein;

- Reliabilität,

  die eingesetzten Meßmethoden müssen zuverlässig sein, das heißt, eine erneute Analyse muss bei Konstanz der Rahmenbedingungen zum gleichen Ergebnis führen;

- Strukturiertheit,

  die Ergebnisse müssen in einer nachvollziehbaren Struktur vorliegen;

- Allgemeingültigkeit,

  die Ergebnisse dürfen sich nicht nur auf die Vergangenheit beziehen, sondern müssen auch Aussagen über zukünftige Ereignisse zulassen;

- Widerspruchsfreiheit,

  die getroffenen Aussagen dürfen sich nicht widersprechen;

- Faktische Überprüfbarkeit,

  die gewonnenen Erkenntnisse müssen in der Realität überprüft werden können.

		Wirtschaftsbereiche, Institutionenlehre = Spezielle Betriebswirtschaftslehren			
		Industrie	Handel	Banken	......
Funktionsbereiche Funktionslehren = Allgemeine Betriebswirtschaftslehren	Produktion				
	Marketing	Marketing in Industriebetrieben	Handelsmarketing	Bankenmarketing	
	Controlling				
	Personal				
	......				

Abbildung 2.6: Systematisierung der Betriebswirtschaftslehre

Zur Systematisierung der Erkenntnisse der Betriebswirtschaftslehre wurden diese einerseits nach Funktionsbereichen (Produktion, Marketing u.s.w.), andererseits nach Institutionen (Industrie-, Handels-, Bankbetriebswirtschaftslehre u.s.w.) untergliedert (vgl. Abbildung 2.6).

Beispiel 2.4: Wissenschaftliche Aussagen

> Zur Formulierung wissenschaftlicher Aussagen ist unter anderem die intersubjektive Vergleichbarkeit gefordert. Dies bedeutet, dass eigene Modelle, die man Dritten gegenüber nicht offen legen möchte oder kann, keine wissenschaftlichen Aussagen darstellen. Treten innere Widersprüche in Modellen oder Aussagen auf, hat man ebenfalls die wissenschaftliche Ebene verlassen.

2.4.2 Erkenntnisgewinnung in der Betriebswirtschaftslehre

Zur Gewinnung neuer Erkenntnisse kann man unterschiedliche Wege gehen. Im Rahmen der empirisch-realistischen betriebswirtschaftlichen Theorie wird die Induktion gewählt, wohingegen die reine betriebswirtschaftliche Theorie mit der Deduktion arbeitet. Während man beim induktiven Vorgehen von tatsächlich beobachteten Vorgängen ausgeht, diese mit früheren Erkenntnissen vergleicht, um somit Gesetzmäßigkeiten aufzeigen zu können, betrachtet man bei der Deduktion die logische Seite der Problemstellungen, zu denen - unter Berücksichtigung von fest definierten Rahmenbedingungen (ceteris-paribus-Klausel) - Lösungen gesucht werden. Eine wichtige Rolle spielen in diesem Zusammenhang Modelle, die man wie folgt definieren kann.

Modelle sind eine strukturgleiche (isomorphe) oder zumindest strukturähnliche (homomorphe) vereinfachende und subjektive Abbildung der Realität bzw. der Idealität. Die Modellelemente können hierbei für ganze Gruppen von Elementen in der Realität oder Idealität stehen, wohingegen die Relationen zwischen den Elementen identisch sein müssen (relationseineindeutig).

Bei Modellen handelt es sich in der Regel um eine subjektive Darstellung der Zusammenhänge, deren Qualität von der Informationslage und den Fähigkeiten des Modellbauers abhängt. Ein Beispiel für ein einfaches Produktionsmodell ist in Abbildung 2.7 dargestellt.

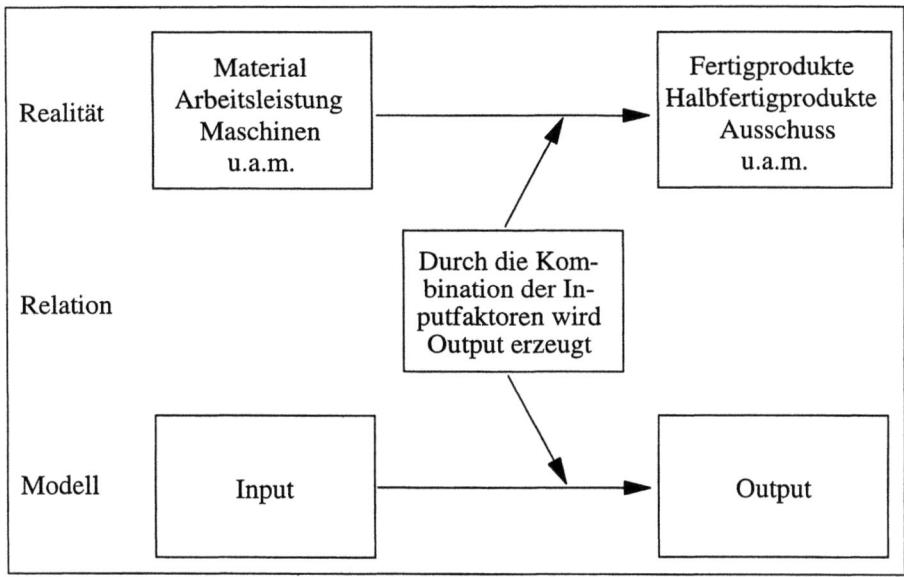

Abbildung 2.7: Ein einfaches Produktionsmodell

Modelle sind außer zur Beschreibung von Zusammenhängen auch als Hilfsmittel zur Ableitung neuer Hypothesen, als Ersatz für Realexperimente oder zum Auffinden von Widersprüchen einsetzbar. Aufgrund der subjektiven Elemente bei Modellen sollten vor dem Arbeiten mit ihnen folgende Fragen beantwortet werden:

● Auf welcher Datengrundlage wurde das Modell entwickelt?
● Wer hat das Modell für welchen Zweck definiert?
● Von welchen Prämissen wurde bei der Modellbildung ausgegangen?

2.4.3 Nachbarwissenschaften

Wie bereits aufgezeigt wurde, bildet die Betriebswirtschaftslehre zusammen mit der Volkswirtschaftslehre die Wirtschaftswissenschaften. Im Gegensatz zur Betriebswirtschaftslehre, bei der der Einzelbetrieb im Vordergrund des Interesses steht, beschäftigt sich die Volkswirtschaftslehre primär mit gesamtwirtschaftlichen Fragestellungen. Andererseits werden viele Probleme, wie zum Beispiel die Preisbildung, die Frage nach der besten Investition oder produktionstheoretische Zusammenhänge, in beiden Bereichen analysiert. Einen reinen betriebswirtschaftlichen Bereich stellt das Rechnungswesen oder die Betriebsorganisation dar, wohingegen die Analyse der Wechselkurse oder der konjunkturellen Lage in erster Linie volkswirtschaftliche Aspekte betrifft.

Sowohl die Betriebs- als auch die Volkswirtschaftslehre greifen auch auf Erkenntnisse aus anderen Wissenschaften zurück. Zu nennen sind hierbei insbesondere die Rechts- und die Ingenieurwissenschaften sowie die Soziologie, die Psychologie und die Mathematik.

2.5 Die Geschichte der Betriebswirtschaftslehre

Die Betriebswirtschaftslehre als eigenständige Wissenschaft ist relativ jung, und ihr Beginn fällt in die Zeit der Gründung der ersten Handelshochschulen in Leipzig und Aachen 1898 bzw. in Köln und Frankfurt 1901. Zuvor gab es in erster Linie Beiträge zu Handelsfragen, von denen nachfolgend einige aufgeführt sind.

- 1494: Luca Pacioli, ein venezianischer Franziskanermönch und Mathematikprofessor schreibt das wirtschaftsmathematische Buch mit dem Titel: „Summa de Arithmetica, Geometria, Proportioni et Proportionalita", in dem er unter anderem den ersten Ansatz einer doppelten Buchführung vorstellt.
- Ende des 17. Jahrhunderts, in der Zeit des Merkantilismus, verfasst Jacques Savary, ein enger Vertrauter des damaligen französischen Finanzministers Colbert, das Werk „Le Parfait Negociant", das unter dem Titel „Der vollkommene Kauf- und Handelsmann" auch in die deutsche Sprache übersetzt wurde.
Paul Jacob Marperger arbeitet etwa zur gleichen Zeit an einem ersten Ansatz für die lexikalische Zusammenfassung der bisherigen Handelskundlichen Erkenntnisse.
- 1752-1756 erschien ein fünfbändiges Lexikon „Eröffnete Akademie für Kaufleute; oder vollständiges Kaufmannslexikon" von Carl Günther Ludovici, in dem erstmals eine bewusste Trennung zwischen der Handels- und der Kameralwissenschaft vorgenommen wurde.

16

- Den Höhepunkt aber auch gleichzeitig das Ende der Handelswissenschaft stellte das Werk von Johann Michael Leuchs „System des Handels" dar.

- Nach der Gründung der Handelshochschulen entwickelte sich die Betriebswirtschaftslehre langsam zur Wissenschaft. Wobei in dieser Zeit insbesondere das Buch von Heinrich Nicklisch „Allgemeine kaufmännische Betriebslehre als Privatwirtschaftslehre des Handels und der Industrie" zu nennen ist.

- Einen besonderen Impuls bekam die Betriebswirtschaftslehre nach dem zweiten Weltkrieg durch die drei Bände zu den Grundlagen der Betriebswirtschaftslehre von Erich Gutenberg. Beispielsweise wurde im ersten Band (1951) eine neue Produktionsfunktion vorgestellt, mit deren Hilfe die industriellen Prozesse wesentlich besser beschrieben werden konnten, als dies mit den aus der Volkswirtschaftslehre stammenden Funktionen möglich war.

- In den sechziger Jahren entwickelte sich die entscheidungsorientierte Betriebswirtschaftslehre, die auf Elemente der von J. v. Neumann und Oskar Morgenstern entwickelten mathematischen Spieltheorie zurückgriff.

- Eine weitere Forschungsrichtung beschäftigte sich mit der systemischen Betriebswirtschaftslehre, die auf den Erkenntnissen der Kybernik aufbaut.

- Neue Impulse für die betriebswirtschaftliche Forschung ergaben sich in den letzten Jahren durch die verstärkte Bedeutung ökologischer Aspekte sowie durch die rasante Entwicklung der Kommunikationsmöglichkeiten.

Übungsaufgaben zum 2. Kapitel

Aufgabe 2.1:

Handelt es sich bei den folgenden Situationen um ein Bedürfnis, einen Bedarf oder eine Nachfrage? Begründen Sie Ihre Antwort.

a) Herr Klein möchte einen Mercedes kaufen, verfügt aber nicht über die entsprechenden finanziellen Mittel.

b) Frau Mayer hätte gerne ein neues Schmuckstück, das Sie vor ein paar Tagen in einem Schaufenster gesehen hat.

c) Herr Simon hat DM 1.000 zur Verfügung und möchte sich hierfür einen neuen Kleiderschrank kaufen.

d) Frau Huber möchte ein Fahrrad der Marke Fischer.

e) Frau Bauer verspürt Hunger.

Aufgabe 2.2:

Handelt es sich bei den nachfolgend aufgeführten Gütern um freie oder um wirtschaftliche Güter? Begründen Sie Ihre Antwort.

a) Sand

b) Brot

c) Steuerberatung

d) Fahrkarten für die Magnetbahn Frankfurt - Hamburg

Aufgabe 2.3:

Im Bereich Marketing werden verschiedene Alternativen diskutiert, wie man durch den Einsatz geeigneter Marketinginstrumente den Gewinn erhöhen kann. Aufgrund umfangreicher Studien konnte man die Beziehung zwischen der Anzahl der Anzeigen und dem Umsatz zumindest annähernd bestimmen. Zurzeit stehen folgende Alternativen zur Diskussion:

Umsatz in TDM	100	150	130	140
Anzahl der Anzeigen in Zeitschrift 1	38	50	42	42
Anzahl der Anzeigen in Zeitschrift 2	42	60	47	45

Sollen alle vier Möglichkeiten weiterverfolgt werden oder kann bereits zu diesem Planungszeitpunkt eine Einschränkung vorgenommen werden?

Aufgabe 2.4:
Welche Sektoren kann man innerhalb einer Volkswirtschaft unterscheiden und welche Austauschbeziehungen (es sind jeweils zwei Verbindungen anzugeben) bestehen zwischen diesen Sektoren?

Aufgabe 2.5:
Geben Sie drei alternative Möglichkeiten zur Klassifizierung von Unternehmen an und nennen Sie jeweils eine Fragestellung, bei der Sie diese Einteilung wählen würden.

Aufgabe 2.6:
Welche Anforderungskriterien werden an wissenschaftliche Aussagen gestellt?

Aufgabe 2.7:
Was ist ein Modell und welche Aufgaben haben Modelle im Rahmen der Wirtschaftswissenschaften?

Aufgabe 2.8:
Worin liegt der Unterschied zwischen den Bereichen der allgemeinen Betriebswirtschaftslehren und denen der speziellen Betriebswirtschaftslehren? Warum ist es sinnvoll, diese Unterscheidung durchzuführen?

Aufgabe 2.9:
Was versteht man unter Nachbardisziplinen und welche sind für die Betriebswirtschaftslehre besonders interessant?

3. Grundbegriffe

3.1 Betriebliche Strom- und Bestandsgrößen

Zahlreiche Missverständnisse, die bei einem vorübergehenden, meist kurzfristigen Einblick in kaufmännische Sachverhalte entstehen, lassen sich darauf zurückführen, dass bestimmte in der Betriebswirtschaftslehre festgelegte Grundbegriffe umgangssprachlich mit anderen Inhalten besetzt werden. So stellen beispielsweise die Begriffe Auszahlungen, Aufwand und Kosten im täglichen Sprachgebrauch häufig Synonyme dar, repräsentieren jedoch in der Betriebswirtschaftslehre zum einen liquiditätsbeeinflussende, zum anderen auf unterschiedliche Erfolgssphären wirkende Vorgänge.

Die Begriffe, die in der Betriebswirtschaftslehre eine fundamentale Bedeutung besitzen, werden nachfolgend vorgestellt. Hierbei werden sogenannte Strom- und Bestandsgrößen unterschieden. Stromgrößen fallen zwar zu bestimmten Zeitpunkten an, werden jedoch jeweils zeitraumorientiert erfasst und führen immer zu Veränderungen von Bestandsgrößen, welche ihrerseits immer Zeitpunktgrößen darstellen. Der grundsätzliche Zusammenhang von Strom- und Bestandsgrößen sei anhand eines einfachen Beispiels erläutert:

Beispiel 3.1: Strom- und Bestandsgrößen

Am 01.01. betrug der Lagerbestand eines Rohstoffs 101 Liter. Am 10.01. wurden aufgrund einer Bestellung weitere 20 Liter geliefert. Aus dem Lager wurden am 12.01. und 03.02. jeweils 30 Liter zur Produktion entnommen.

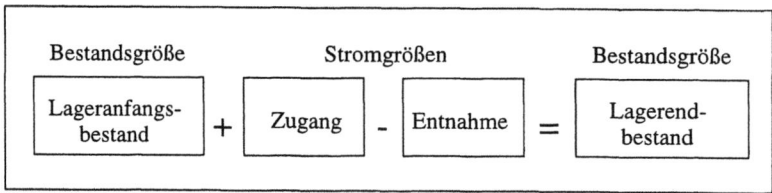

Abbildung 3.1: Strom- und Bestandsgrößen

Der Anfangsbestand am 01.01. von 101 Liter wurde durch Lagerbewegungen im Zeitraum 01.01. bis 03.02. von +20/-30/-30 auf einen Endbestand von 61 reduziert.

Während die Bilanz eines Kaufmanns eine Gegenüberstellung von Bestandsgrößen darstellt, finden in seiner Gewinn- und Verlustrechnung (GuV) Stromgrößen Berücksichtigung.

Die Bilanz ist eine Gegenüberstellung von Vermögensgegenständen, die jeweils Mittelverwendungen repräsentieren (Grundstücke, Gebäude, Vorräte, Flüssige Mittel etc.), und Kapitalarten, welche jeweils Hinweise auf die Mittelherkunft geben (Eigenkapital als Ansprüche der Eigentümer, Fremdkapital, als Ansprüche der Gläubiger), zum Bilanzstichtag als dem Ende eines Geschäftsjahres. Da das Vermögen (Aktiva) und das Kapital (Passiva) dieselben Wertgesamtheiten darstellen, ist die Bilanz stets ausgeglichen (Bilanzgleichung: Aktiva = Passiva).

Beispiel 3.2: Erstellung einer Gründungsbilanz

Ein Ökonomie-Student plant die Gründung einer Alternativ-Mensa. Hierfür wird er sein Sparbuch mit einem Guthaben in Höhe von 19.000 € „plündern" und einen Kredit seiner Schwiegermutter „in spe" von 10.000 € einsetzen, die Kreditsumme wurde ihm bereits bar überlassen. Weiterhin bringt er diverse Küchengeräte, Tassen und Teller in sein Unternehmen ein, deren Wert er auf 4.000 € taxiert.

Seine Eröffnungsbilanz weist die in Tabelle 3.1 dargestellte Struktur auf.

Tabelle 3.1: Struktur der Eröffnungsbilanz

Eröffungsbilanz			
Aktiva		Passiva	
Küchengeräte :	€ 4.000	Eigenkapital:	€ 23.000
Kassenbestand:	€ 29.000	Fremdkapital:	€ 10.000
Bilanzsumme:	€ 33.000	Bilanzsumme:	€ 33.000

Die GuV ist eine Gegenüberstellung von produktionsbedingten Werteverzehren (z.B. Material-, Personalaufwand oder Abschreibungen als periodenanteilige Wertminderungen an jenen Vermögensgegenständen, die dauerhaft dem Geschäftsbetrieb dienen sollen) und Wertezugängen, wie beispielsweise die über das Geschäftsjahr hinweg erzielten Umsatzerlöse. Das Ziel der GuV liegt in der Ermittlung eines Periodengewinns und der Darlegung seiner Quellen. Jeder (versteuerte) Gewinn, der nicht an die Eigentümer ausgeschüttet wurde, führt zur Erhöhung des Eigenkapitals, in dieser Weise sind Bilanz und GuV miteinander verbunden. Auf die Begriffe Aufwendungen und Erträge wird in 3.1.3 eingegangen.

3.1.1 Auszahlungen und Einzahlungen

Jeder Geschäftsvorfall, der zu einer Veränderung des Bestandes an Zahlungsmitteln des Unternehmens führt, stellt entweder eine Auszahlung (negative Veränderung) oder eine Einzahlung (positive Veränderung) dar.

Der Zahlungsmittelbestand ergibt sich zu jedem Zeitpunkt über die Addition der flüssigen Mittel als sofort verfügbare Barbestände des Unternehmens (Kassenbestand und Sichtguthaben bei Kreditinstituten).

Beispiel 3.3: Geschäftsvorfälle, die Aus- oder Einzahlungen repräsentieren

Tabelle 3.2: Aus- und Einzahlungen

Vorfall (Zeitpunkt)	Zahlungs-mittelbestand	Auszahlung/ Einzahlung
Zur Bestreitung des privaten Konsums entnimmt A. Bauer am 02.06. 300 € aus der Kasse.	4.700 €	Auszahlung von 300 € (am 02.06.)
Der Kunde M. Moore überweist am 17.06. für eine am 10.06. ausgeführte Arbeit den seit sieben Tagen fälligen Rechnungsbetrag in Höhe von 500 €.	5.200 €	Einzahlung von 500 € (am 17.06.)

Vorfall (Zeitpunkt)	Zahlungs- mittelbestand	Auszahlung/ Einzahlung
Der Fuhrpark des Betriebs wird am 12.06. mit neuen Reifen ausgestattet. Die offene Rechnung wird am 18.06. in Höhe von 6.000 € beglichen.	- 800 €	Auszahlung von 6.000 € (am 18.06.)

Der Handwerkermeister A. Bauer verfügte zum Zeitpunkt der Gründung seines Unternehmens, am 01.06.1991, über einen Zahlungsmittelbestand von 5.000 € (Kassenbestand = 500 € und Guthaben auf dem Geschäftsgirokonto = 4.500 €). Bis Ende Juni ereigneten sich die in Tabelle 3.2 zusammengefassten Geschäftsvorfälle.

3.1.2 Ausgaben und Einnahmen

Jeder Geschäftsvorfall, der zu einer Veränderung des Geldvermögens führt, stellt entweder eine Ausgabe (negative Veränderung) oder eine Einnahme (positive Veränderung) dar.
Das Geldvermögen als Bestandsgröße resultiert aus der Addition des Zahlungsmittelbestands und der Forderungen, abzüglich der Verbindlichkeiten des Unternehmens.

Einzahlungen können, müssen jedoch folglich nicht zugleich Einnahmen sein und umgekehrt. Dies gilt analog für die Beziehung von Auszahlungen und Ausgaben (vgl. Abbildung 3.2.)

Auszahlung, aber keine Ausgabe	Auszahlung, zugleich Ausgabe	
	Ausgabe, zugleich Auszahlung	Ausgabe, aber keine Auszahlung

Abbildung 3.2: Auszahlungen und Ausgaben

Während die Barentnahme zur Bestreitung der Konsumausgaben des Inhabers im Beispiel 3.3 in gleicher Höhe eine Auszahlung und eine Ausgabe darstellt, fallen die Stromgrößen für den zweiten Geschäftsvorfall zu unterschiedlichen Zeitpunkten an. Die Arbeiten wurden am 10.06. ausgeführt, die Rechnung wurde dem Kunden ohne Zeitverzug übergeben und hiermit entstand bereits die Einnahme, denn bei Zahlungsmittel- und Verbindlichkeitenkonstanz erhöhten sich die Forderungen um 500 €. Die Einzahlung fiel jedoch erst am 17.06. an (es wird vereinfachend davon ausgegangen, dass Überweisungen ohne Zeitverlust zu Kontengutschriften führen). Ein weiteres Beispiel für eine Einzahlung, die keine Einnahme darstellt, wäre die Gutschrift einer vereinbarten Kreditsumme auf dem Geschäftskonto, der Erhöhung des Zahlungsmittelbestands steht eine Erhöhung der Verbindlichkeiten gegenüber, das Geldvermögen bleibt konstant.

Mit Lieferung oder Montage der Reifen entstand am 12.06. für das Unternehmen im Beispiel 3.3 eine Verbindlichkeit, folglich lag zu diesem Zeitpunkt bereits die Ausgabe vor, die Auszahlung folgte ihr am 18.06.

Beide bislang vorgestellte Begriffspaare stellen bedeutende Größen für die Planung und Kontrolle der Zahlungsfähigkeit eines Unternehmens dar, ein Periodenüberschuss der Einzahlungen über die Auszahlungen oder auch ein periodischer Einnahmenüberschuss repräsentiert i.d.R. jedoch keinen Erfolg. Zur Erklärung des möglichen Sachverhalts eines hohen Gewinns bei Zahlungsunfähigkeit bedarf es der Erläuterung weiterer Stromgrößen, die nachfolgend definiert werden.

3.1.3 Aufwendungen und Erträge

Bislang wurden Veränderungen im Sachvermögen eines Unternehmens nicht berücksichtigt. Eine gesonderte Betrachtung des Sachvermögens findet üblicherweise nicht statt. Von besonderer Bedeutung sind jedoch Geschäftsvorfälle, die zur Veränderung des Reinvermögens (auch Nettovermögens) führen.

Reinvermögen (RV) = Geldvermögen (GV) und Sachvermögen (SV)

Aufwendungen stellen negative, Erträge stellen positive Veränderungen des Reinvermögens dar. Aufwendungen (Erträge) sind die in der Finanzbuchhaltung erfassten Werteverzehre (Wertezugänge) einer Periode.

Aus der Saldierung der Erträge und Aufwendungen einer Periode resultiert eine Erfolgsgröße, der Gewinn in der Finanzbuchhaltung.

Geschäftsvorfälle, die Ausgaben, nicht jedoch Aufwendungen sind, führen zu einem Rückgang der Zahlungsfähigkeit, ohne dass sich dies auf die Höhe des Gewinns auswirkt.

Beispiel 3.4: Drei Vorfälle, die Ausgaben, aber keine Aufwendungen sind

Der Unternehmer kauft eine Maschine und zahlt hierfür 180.000 € die in voller Höhe eine Liquiditätsbelastung darstellen. Aus Gründen der periodengerechten Verteilung des Werts der Maschine ist sie auf mehrere Jahre abzuschreiben (die späteren Abschreibungen stellen dann die zu berücksichtigenden Aufwendungen dar). Insofern birgt der Kauf einer Maschine eine spätere Erfolgswirksamkeit in sich.

In der gleichen Periode erwirbt der Unternehmer Rohstoffe, die er jedoch erst in den Folgeperioden verbraucht (gleichfalls später erfolgswirksam).

Zudem kauft er ein Nachbargrundstück, welches der geplanten Betriebserweiterung dient. Der Kauf des Grundstücks führt i.d.R. zu keinen späteren Abschreibungen (nicht erfolgswirksam):

$$\overline{RV} \quad = \quad GV \downarrow \; + \; SV \uparrow$$

Umgekehrt führen Geschäftsvorfälle, die Aufwendungen, jedoch keine Ausgaben darstellen (z.B. Abschreibungen, Rohstoffverbrauch), zur Gewinnreduzierung bei Konstanz der Zahlungsfähigkeit. Neben den Geschäftsvorfällen mit späterer Erfolgswirksamkeit existieren solche mit frü-

27

herer Erfolgswirksamkeit (z.B. die Bildung einer Rückstellung aufgrund einer erteilten Pensionszusage).

Vorfälle, die dazu führen, dass die Zahlungsfähigkeit und zugleich der Gewinn „leidet", sind beispielsweise der sofortige Verbrauch gelieferter Rohstoffe oder entstehende Zahlungsverpflichtungen (Zinsen, Miete, Lohn und Gehalt) etc.

Da analog Einnahmen und Erträge gegeneinander abgegrenzt werden können, braucht hierauf nicht weiter eingegangen werden.

3.1.4 Kosten und Leistungen

Ähnlich den Aufwendungen und Erträgen führt auch die Saldierung von Leistungen und Kosten zu einer Gewinngröße, dem (kalkulatorischen) Betriebsergebnis. Im Unterschied zum erstgenannten Stromgrößenpaar hat der Unternehmer bei der Festlegung seiner Leistungen und Kosten jedoch keine handels- oder steuerrechtlichen Vorschriften zu berücksichtigen. Das Rechnen in Kosten und Leistungen soll ihm dazu dienen, durch eine erhöhte Transparenz des Betriebsgeschehens die Qualität seiner Entscheidungen zu optimieren.

Begrenzt wird sein Spielraum bei der Fixierung von Kosten und Leistungen lediglich durch subjektiv definierte Zweckmäßigkeiten. Alternativ formuliert: Die (wahre!) Aussage „als gutem Kunden verkaufe ich Ihnen dieses Produkt zu den mir entstandenen Kosten" lässt durchaus die Möglichkeit offen, dass der „gute Kunde" bei jedem anderen Unternehmen das Produkt zu niedrigerem Preis erhalten kann. Dies liegt nicht nur an der Höhe der in der Kalkulation zu berücksichtigenden Kosten, sondern auch in der Menge der eingehenden Kostenarten.

In der betriebswirtschaftlichen Literatur werden Kosten (Leistungen) definiert als betriebsbedingter Werteverzehr (Wertezugänge).

Mit der Formulierung „betriebsbedingt" wird verwiesen auf die eigentliche betriebliche Tätigkeit, diese liegt beispielsweise bei einem Industrieunternehmen in der Herstellung bestimmter Güter und deren anschließender Vermarktung, nicht jedoch im Kauf und Verkauf von Grundstücken, Wertpapieren etc. (es sei denn, das Unternehmen definiert dies für sich ebenfalls als Betriebszweck).

In der Abbildung 3.3 sind Aufwendungen und Kosten gegeneinander abgegrenzt. Da die nachfolgenden Ausführungen analog auf die Unterscheidung von Erträgen und Leistungen übertragen werden kann, wird an dieser Stelle auf eine entsprechende Darstellung verzichtet.

Aufwand, keine Kosten = neutraler Aufwand	Aufwand, zugleich Kosten = Zweckaufwand	
	Kosten, zugleich Aufwand = Grundkosten	Kosten, kein Aufwand = Zusatzkosten

Abbildung 3.3: Aufwand und Kosten

Bei dem neutralen Aufwand handelt es sich um betriebsfremde Aufwendungen (z.B. Spende an eine anerkannte gemeinnützige Organisation) oder um außerordentliche Aufwendungen (z.B. Verkauf eines Grundstücks unter Buchwert) oder um bewertungsbedingte Aufwendungen, d.h. solche, die in der Finanzbuchhaltung mit einem höheren Wert als in der Kostenrechnung berücksichtigt werden.

Dem Zweckaufwand stehen in gleicher Höhe Grundkosten gegenüber, diese auch als „Betriebsaufwand" bezeichneten Werte stellen in den Unternehmen sicherlich den größten Aufwands- bzw. Kostenblock dar.

Der Ansatz von Zusatzkosten folgt dem Opportunitätskostenprinzip, folglich dem Prinzip der Berücksichtigung von jenem Nutzenverzicht, der mit der nicht realisierten nächst besten Alternative in Kauf genommen werden muss.

Beispiel 3.5: Opportunitätskosten

> Sollen die Kosten bestimmt werden, die aus Sicht eines Selbstständigen im Rahmen einer Weiterbildungsmaßnahme entstehen, so ist neben den Kursgebühren sein Einkommensverzicht zu berücksichtigen.

Zusatzkosten sind im Unterschied zu den Grundkosten keine pagatorischen (ital. pagare = zahlen) Kosten, da sie nicht auf Zahlungsvorgängen beruhen. Sie finden in der Kostenrechnung aus Vergleichszwecken Berücksichtigung, daher werden sie auch als kalkulatorische Kosten bezeichnet. Ein Teil der kalkulatorischen Kosten wird - jedoch in anderer Höhe - auch in der Finanzbuchhaltung als Aufwand erfasst, so beispielsweise die kalkulatorischen Abschreibungen (Basis in der Kostenrechnung sollte der wahrscheinliche Wiederbeschaffungspreis anstelle der historischen Anschaffungskosten sein). Diese als Kosten in anderer Höhe erfassten Werte, werden als Anderskosten bezeichnet. Weitere kalkulatorische Kostenarten sind:

- Kalkulatorischer Unternehmerlohn als Entgelt für die Arbeitskraft des kein Einkommen beziehenden Einzelunternehmers oder Gesellschafters einer Personengesellschaft.

- Kalkulatorische Mieten als Entgelt für die dem Unternehmen zur Verfügung gestellten, im Privatbesitz des Einzelunternehmers befindlichen Büroräume.

- Kalkulatorische Zinsen als Entgelt für das dem Unternehmen bereitgestellte Eigenkapital (unabhängig der Rechtsform).

- Kalkulatorische Wagnisse als Ausgleich für nicht versicherte Einzelrisiken des Unternehmers wie Forderungsausfall oder Schwund (unabhängig der Rechtsform).

Abschließend sei im Zusammenhang mit dem Thema der Stromgrößen auf Besonderheiten, die häufig zu Irritationen führen, aufmerksam gemacht.

Leistet ein Unternehmer eine Einlage in Höhe von 100.000 €, so stellt dies eine Reinvermögenserhöhung dar, führt jedoch nicht zur Erhöhung des finanzbuchhalterischen Gewinns, denn jeder (Netto-)Ertrag führt zwar zu einer Reinvermögenserhöhung, doch kann umgekehrt nicht gefolgert werden, dass jede Reinvermögenserhöhung auch zu einem Ertrag führt.

Das Steuerrecht kennt anstelle der handelsrechtlichen Begriffe Aufwand und Ertrag die Termini Betriebsausgaben und -einnahmen, auf die an dieser Stelle nicht weiter eingegangen wird. Aufwendungen ähneln den Betriebsausgaben, Erträge den Betriebseinnahmen, entsprechen sich jedoch nicht gänzlich.

3.2 Bewertung des wirtschaftlichen Handelns

Zur Beurteilung der Güte wirtschaftlicher Handlungen stehen zum einen Kennzahlen wie der Einzahlungsüberschuss, der finanzbuchhalterische Gewinn oder das (kalkulatorische) Betriebsergebnis als absolute Kennzahlen zur Verfügung. Häufig wird jedoch die Qualität der getroffenen Entscheidungen mit relativen Kennzahlen beurteilt. Die wohl bekanntesten relativen Kennzahlen in der Ökonomie sind die:

- Produktivität
- Wirtschaftlichkeit
- Rentabilität
- Liquidität

Notwendige Voraussetzung zur Einschätzung einer Kennzahlenausprägung sind Vergleichs- oder Vorgabezahlen. Erstere sind entweder für andere Zeiträume oder Zeitpunkte erfasst worden oder für andere Unternehmen, Betriebe oder Betriebsteile wie Abteilungen, Fertigungsgruppen etc., Vorgabezahlen (Sollzahlen) ergeben sich aus der unternehmerischen Gesamtplanung. Ein Vergleich von Leistungen an verschiedener Stelle (Abteilungen, Produktionsstätten, Funktionsbereichen, Unternehmen etc.) wird im Rahmen des Benchmarking systematisch durchgeführt.

3.2.1 Produktivität

Die Produktivität wird als Ergiebigkeitsgrad des Einsatzes von Produktionsfaktoren gemessen, sie stellt i.d.R. ein reines Mengenverhältnis dar:

$$\text{Produktivität} = \frac{\text{Ausbringungsmenge (Output)}}{\text{Einsatzmenge (Input)}}$$

Eine Gesamtproduktivität eines Unternehmens lässt sich aufgrund der fehlenden Möglichkeit der Addition unterschiedlicher Faktoreinsatzmengen nicht errechnen. Daher werden Teilproduktivitäten bestimmt, wie z.B. die Arbeitsproduktivität (Produktionsmenge/Einsatz menschlicher Arbeitskraft)

oder die Materialproduktivität als technischer Ergiebigkeitsgrad (Produktionsmenge/Materialeinsatzmenge).

Bei einer im Vergleich niedrigeren oder höheren Produktivität sind zahlreiche Ursachen denkbar, hier sollte nicht vorschnell auf Qualitätsveränderungen des Produktionsfaktors geschlossen werden.

Beispiel 3.6: Ursachen einer im Zeitvergleich gesunkenen Produktivität

Ein Unternehmer stellt in einer Fertigungsabteilung eine im Vergleich zum Vorjahr geringere Arbeitsproduktivität (Produktionsmenge pro Mitarbeiter) fest. Da die Produktionsmenge bei konstanter Anzahl von Mitarbeitern zurückging, sind u.a. folgende Ursachen möglich:

1. Die durchschnittliche Menge nahm ab, weil die Anforderungen an die Produktqualität zunahmen.
2. Die Menge pro Mitarbeiter sank, weil kürzere Arbeitszeiten vereinbart wurden.
3. Im Vergleich zum Vorjahr verringerte sich die Qualität der im Durchschnitt abgegebenen Arbeitsleistung.
4. Die Produktivität reduzierte sich aufgrund häufigen Anlageausfalls.

5. Die Produktivität ging zurück, weil im Vergleich Rohstoffe minderer Qualität eingesetzt wurden.
6. Die Produktivität veränderte sich aufgrund einer verbesserten Materialzuführung.

Die Problematik der fehlenden Beurteilungsmöglichkeit des gesamten Unternehmens durch die Heterogenität der Einsatzfaktoren leitet über zur nächsten Kennzahl, der Wirtschaftlichkeit.

3.2.2 Wirtschaftlichkeit

Die Kennzahl der Wirtschaftlichkeit existiert in zwei Ausprägungen. Zum einen beschreibt sie das **Verhältnis von bewertetem Output zu bewertetem Input als:**

$$\text{Wirtschaftlichkeit} = \frac{\text{Ertrag}}{\text{Aufwand}} \quad \text{oder:} \quad \frac{\text{Leistung}}{\text{Kosten}} \quad \text{oder:} \quad \frac{\text{Umsatz}}{\text{Kosten}}$$

Zum anderen stellt sie eine **Relation zwischen einer vorgegebenen und einer tatsächlich erreichten Situation dar:**

$$\text{Wirtschaftlichkeit} = \frac{\text{Istkosten}}{\text{Sollkosten}}$$

In der ersten Version stellt die Wirtschaftlichkeit eine bewertete Gesamtproduktivität dar. Ein Rückgang der Wirtschaftlichkeit im Zeitvergleich ist, bedingt durch die Mischung von Preisen und Mengen, trotz insgesamt höherer Teilproduktivitäten möglich (gesunkene Marktpreise oder gestiegene Faktorpreise). Zur Beurteilung der Wirtschaftlichkeit einzelner Abteilungen oder Kostenstellen werden diesen häufig Budgets (Sollkosten) am Periodenanfang gesetzt. Ergibt bei einem späteren Vergleich der Quotient aus den tatsächlich angefallenen Kosten und dem gesetzten Budget einen Wert > 100 %, so ist die festgestellte Budgetüberschreitung, als Ausdruck fehlender Wirtschaftlichkeit, auf ihre Ursachen hin zu untersuchen.

3.2.3 Rentabilität

Die Rentabilität oder Rendite ist die in der Betriebswirtschaftslehre wohl am häufigsten verwandte Kennzahl, sie wird üblicherweise als Prozentzahl angegeben.

Als Eigenkapitalrentabilität bringt sie das Verhältnis von Gewinn und eingesetztem Eigenkapital zum Ausdruck:

$$\text{Eigenkapitalrentabilität} = \frac{\text{Gewinn} * 100}{\text{Eigenkapital}}$$

Das Ergebnis der Eigenkapitalrentabilität ist ein Ausdruck dafür, in welchem Maße sich aus der Sicht des Eigentümers der Einsatz von Kapital in seinem Unternehmen gelohnt hat.

Zu vergleichen ist diese Rendite beispielsweise mit derzeit erhältlichen Zinsen für unterschiedliche Kapitalanlagen. Gerade im Falle eines Vergleichs der Renditen unterschiedlicher Unternehmen ist darauf zu achten, dass „Gleiches mit Gleichem" verglichen wird. Unterschiedliche Renditemaße sind Folge differierender Gewinngrößen (vor oder nach Steuern, Bilanzgewinn oder Jahresüberschuss) und unterschiedlicher Bestimmungen des Eigenkapitals. Schließlich ist wiederum darauf zu achten, dass aus niedrigen Renditen nicht vorschnell Konsequenzen gezogen oder empfohlen werden.

Beispiel 3.7: Eigenkapitalrentabilität

Beim Studium des Jahresabschlusses des Winzers Kühn, ermittelt sein Neffe, der Ökonomie-Student Harald, eine Eigenkapitalrentabilität von 2 %. Sein Ratschlag lautet daher, das gesamte Eigenkapital aus dem Unternehmen abzuziehen, hierfür Staatsanleihen zu erwerben und von den Zinsen prächtig zu leben.

Den Ausführungen seines Neffen folgend, fragt sich der Winzer Kühn, wer ihm denn die Weinberge, Gebäude und sonstigen Vermögensgegenstände zu Bilanzwerten abkaufen würde, wenn selbst dem als schwerfällig bekannten Harald klar ist, dass in der Branche nur geringe Renditen erzielbar sind.

Die Gesamtkapitalrentabilität stellt das Verhältnis von Gewinn und Fremdkapitalzinsen zum eingesetzten Gesamtkapital dar:

$$\text{Gesamtkapitalrentabilität} = \frac{(\text{Gewinn} + \text{Fremdkapitalzinsen}) * 100}{\text{Gesamtkapital}}$$

Da die Zinsen als der Ertrag für die Bereitstellung von Fremdkapital zur Gewinnermittlung in Abzug gebracht wurden, sind sie zur Ermittlung der Gesamtkapitalrentabilität zum Gewinn zu addieren. Das Renditemaß bringt zum Ausdruck in welchem Maße sich, unabhängig von der Art des bereitgestellten Kapitals, jeder dem Unternehmen zur Verfügung gestellte Euro durchschnittlich verzinste. Im Unterschied zur Eigenkapitalrentabilität steht damit nicht die Analyse der wirtschaftlichen Situation des Eigentümers im Vordergrund, sondern die des Unternehmens als Renditeobjekt.

Im Rahmen der Umsatzrentabilität erfolgt der Bezug des Gewinns auf den realisierten Umsatz:

$$\text{Umsatzrentabilität} = \frac{\text{Gewinn} * 100}{\text{Umsatz}}$$

Während die bislang vorgestellten Kapitalrentabilitäten jeweils Mittel-Zweck-Beziehungen darstellen, denn die Kapitalbereitstellung erfolgt jeweils mit dem Bestreben nach der Erzielung eines Kapitalertrags, handelt es sich bei der Umsatzrentabilität um eine Gliederungszahl, die den Anteil des Gewinns am Umsatz angibt.

Der Return on Investment (RoI), der in allgemeiner Form als Produkt aus Umsatzrentabilität (Gewinn/Umsatz) und Kapitalumschlag (Umsatz/Kapital) vorgestellt werden kann, repräsentiert eine weitere Kapitalrentabilität:

$$\text{Return on Investment (RoI)} = \frac{\text{Gewinn} * 100}{\text{Gesamtkapital}}$$

Die Kennzahl steht stellvertretend für das Ergebnis pro investierter Kapitaleinheit. Aufgrund der vielfältigen Interpretationen des RoI ist vor der Anwendung dieser Kennzahl die genaue Berechnungsweise zu beachten. In der wohl häufigsten Konkretisierung des RoI ist als Gewinngröße das ordentliche Betriebsergebnis gewählt und anstelle des Gesamtkapitals des Unternehmens kommt das betriebsbedingte Vermögen zum Ansatz.

3.2.4 Liquidität

Der Begriff der Liquidität wird in der Betriebswirtschaftslehre mit mehreren Inhalten besetzt. **Statisch betrachtet, ist die Liquidität eines Unternehmens seine Fähigkeit, fälligen Zahlungsverpflichtungen termingerecht nachkommen zu können.** Im Unterschied zur Rentabilität als Maßstab der geschäftlichen Lukrativität stellt die Liquidität eine Existenznotwendigkeit dar, denn die Illiquidität ist ein Konkursgrund. Insofern handelt es sich bei der Liquidität um einen Sicherheitsindikator. Damit erklärt es sich auch, dass ein Unternehmen trotz Gewinne Konkurs gehen kann.

Die Liquidität als Eigenschaft eines Vermögensgegenstandes beschreibt seine „Nähe zum Geld", Zahlungsmittelbestände weisen eine höhere Liquidität auf als Grundstücke und Gebäude, sie werden daher auch kurz als „liquide Mittel" bezeichnet. Die beiden Bedeutungsinhalte sind miteinander verwandt, je mehr liquide Mittel in einem Unternehmen verfügbar sind, desto höher ist, bei gleichen Zahlungsverpflichtungen, seine Zahlungsfähigkeit.

Die statische Liquidität eines Unternehmens kann in Graden gemessen werden, so z.B. als **Liquidität 1. Grades:**

$$\text{Liquidität 1. Grades} = \frac{\text{Zahlungsmittelbestand}}{\text{kurzfristige Verbindlichkeiten}}$$

Diese, auch als Barliquidität bezeichnete Kennzahl zeigt auf, in welchem Maße vorhandene Zahlungsmittel zur Deckung der fälligen Verbindlichkeiten geeignet sind. Eine Erhöhung der Grade steht jeweils für eine Erweiterung des Zählers, so z.B. im Falle der **Liquidität 2. Grades:**

Liquidität 2. Grades =

$$\frac{\text{Zahlungsmittelbestand} + \text{kurzfristige Forderungen}}{\text{kurzfristige Verbindlichkeiten}}$$

Die Zählererweiterung stellt den Übergang vom Stromgrößenniveau der Ein- und Auszahlungen zum Niveau der Einnahmen und Ausgaben dar.

Als **Liquidität 3. Grades** kann unter Erweiterung um bestimmte Elemente des Sachvermögens beispielsweise definiert werden:

Liquidität 3. Grades =

$$\frac{\text{Zahlungsmittelbestand} + \text{kurzfristige Forderungen} + \text{Warenbestände}}{\text{kurzfristige Verbindlichkeiten}}$$

Eine statische Liquiditätsanalyse mittels dieser Kennzahlen ist jedoch von begrenzter Eignung für die Liquiditätsbeurteilung und -sicherung eines Unternehmens, da die zeitpunktorientierte Überprüfung der Zahlungsfähigkeit nicht ihre permanente Veränderung berücksichtigt. In der dafür besser geeigneten dynamischen Analyse der Zahlungsfähigkeit erfolgt eine Liquiditätsplanung durch die Integration zukünftig voraussichtlicher Zahlungseingänge und -verpflichtungen.

Häufig stehen Rentabilität und Liquidität in einem konträren Verhältnis, ein hoher Kassenbestand stellt eine hohe Liquidität bei fehlender Rentabilität dar, investiert ein Unternehmen im umgekehrten Falle alle Zahlungsmittel in hochrentable, langfristige Geschäfte, fehlt ihm die Liquidität.

Gründe, die zu einem Liquiditätsengpass führen können, sind vielfältig, d.h. sie können sich in unterschiedlichen Bereichen des Unternehmens ergeben, und müssen deshalb intensiv analysiert und beobachtet werden. Beispiele für diese Einflussfaktoren sind

- Probleme bei der Beschaffung von Inputfaktoren
- Probleme im Bereich der Fertigung
- Zahlungsausfälle
- gekündigte Kredite
- Absatzprobleme

Es sollte zum Ende des Kapitels deutlich geworden sein, dass ein Unternehmen eine simultane und sorgfältige Planung sowohl auf dem Niveau der Ein- und Auszahlungen (bzw. Einnahmen und Ausgaben), als auch auf dem Niveau der erfolgsbestimmenden Stromgrößen benötigt, um langfristig auf den Märkten konkurrenzfähig sein zu können.

Übungsaufgaben zum 3. Kapitel

Aufgabe 3.1:

In einem Industrieunternehmen ereigneten sich im abgelaufenen Geschäftsjahr die nachstehenden Geschäftsvorfälle, welche in der folgenden Tabelle zu klassifizieren sind.

a) Im Januar wurden 5 Tonnen eines Rohstoffs bestellt. Die Lieferung traf noch im gleichen Monat ein, die Rechnung in Höhe von 50.000 € wurde im Februar beglichen.

b) Ebenfalls im Januar erhielt das Unternehmen die bestellte neue Produktionsanlage. Die Rechnung in Höhe von 40.000 € wurde sofort beglichen. Die Anlage soll erstmalig am Ende des Geschäftsjahres in der Finanzbuchhaltung mit 4.000 € und in der Kostenrechnung mit 5.000 € abgeschrieben werden.

c) Eine Tonne des Rohstoffs wurde im März verarbeitet, neben dem Materialaufwand entstanden hierdurch auszahlungswirksame Aufwendungen (Löhne etc.) in Höhe von 3.000 €.

d) Die Märzproduktion konnte im April zu 20.000 € verkauft werden, den Kunden wurde dabei ein Zahlungsziel von 4 Wochen gewährt, welches sie mit der Rechnungsbegleichung im Mai voll ausnutzten.

e) Im Oktober erhielt ein Mitarbeiter ein zinsloses Darlehen in Höhe von 10.000 € für 2 Jahre zur Verfügung gestellt. Der Kreditbetrag wurde auf das Konto des Mitarbeiters überwiesen.

f) Im Dezember spendete der Unternehmer 3.000 € an das Rote Kreuz für bedürftige Kinder in Afrika.

Monat	Einzahlung + Auszahlung -	Einnahme + Ausgabe -	Ertrag + Aufwand -	Leistung + Kosten -
Januar				
Februar				
März				
April				
Mai				
Juni				
Juli				

Monat	Einzahlung + Auszahlung -	Einnahme + Ausgabe -	Ertrag + Aufwand -	Leistung + Kosten -
August				
September				
Oktober				
November				
Dezember				
Jahressaldo:				

Beurteilen Sie nach Ermittlung der Jahressalden die wirtschaftliche Situation des Unternehmens, vergleichen Sie dabei insbesondere die Liquiditäts- und Erfolgssituation.

Aufgabe 3.2:
Nennen Sie beispielhafte Geschäftsvorfälle, für die gilt:

a)   Kosten, jedoch keine Auszahlung, Ausgabe, Aufwand.

b)   Ertrag, jedoch keine Leistung.

c)   Zugleich Einzahlung, Einnahme, Ertrag und Leistung.

Aufgabe 3.3:
Erläutern Sie das Prinzip der Opportunitätskosten anhand einer im Rahmen der Garantiezusage eines PKW-Herstellers angeblich „kostenlos" ausgeführten Reparatur.

Aufgabe 3.4:

Bei hoher Arbeitsproduktivität weist ein Unternehmen im Branchenvergleich eine geringe Eigenkapitalrentabilität auf, nennen Sie hierfür 5 mögliche Ursachen.

Aufgabe 3.5:

Ein Unternehmen der Chemiebranche setzte im vergangenen Jahr folgende Faktormengen zur Produktion ein:

> 65.000 Arbeitsstunden
> 12.000 kg Rohstoff A
> 17.000 kg Rohstoff B
> 11.000 Maschinenstunden.

Die gesamte Produktionsmenge von 20.000 kg konnte verkauft werden. Bei einem Umsatzerlös von 5,1 Mio. € entstanden Kosten von 4,9 Mio. € (hiervon waren an Kreditzinsen 800.000 € zu zahlen). Das Unternehmen arbeitete mit einem Fremdkapital in Höhe von 7 Mio. € der Eigenkapitaleinsatz betrug 1 Mio. €

a) Ermitteln Sie vier Produktivitäten.

b) Ermitteln Sie die Wirtschaftlichkeit.

c) Bestimmen Sie die Eigenkapital-, Gesamtkapital- und Umsatzrendite.

Aufgabe 3.6:

Jemand bietet Ihnen ein Geschäft an, es handelt sich dabei um eine Eigentumswohnung, die zu 20.000 € pro Jahr vermietet werden kann. Er berichtet Ihnen, dass bei einer Rendite von 8 % ihr notwendiger Eigenkapitaleinsatz 50.000 € beträgt. Zugleich offeriert er Ihnen die Möglichkeit, zusätzlich benötigtes Fremdkapital zu einem Zinssatz von 6 % aufzunehmen. Die wesentliche Frage, wie hoch denn der Kaufpreis der Wohnung sei, vergessen Sie zu stellen. Nach einer Weile kommt Ihnen der Gedanke, dass mit der genannten Rendite nur die Eigenkapital- oder die Fremdkapitalrentabilität gemeint sein kann.

a) Bestimmen Sie den Kaufpreis unter der Annahme einer Eigenkapitalrentabilität von 8 %.

b) Bestimmen Sie den Kaufpreis unter der Annahme einer Gesamtkapital-rentabilität von 8 %.

Aufgabe 3.7:

a) Was verstehen Sie unter der Liquidität eines Unternehmens?

b) Nennen Sie zwei mögliche Ursachen dafür, dass ein Unternehmen bei „prächtigem" Gewinnausweis nicht imstande ist, auch nur einen geringen Teil des Gewinns an die Anteilseigner auszuschütten.

4. Unternehmensgründung

Am Anfang jeden unternehmerischen Handels steht zunächst der Zielbildungsprozess. Nur wenn die zu erreichenden Ziele genau definiert und festgehalten werden, kann im Laufe der Zeit überprüft werden, ob die Planungen auch erreicht werden konnten. Die Praxis zeigt, dass gerade in diesem Punkt häufig Defizite festzustellen sind, so dass Probleme oft zu spät erkannt und dann nur noch mit hohem Einsatz gelöst werden können. Handelt es sich um eine Unternehmensneugründung, dann beziehen sich die ersten Planungen auf die Frage nach dem Gegenstand der unternehmerischen Tätigkeit sowie die Wahl des Standorts.

4.1 Unternehmensziele als Entscheidungsproblem

4.1.1 Zieldimensionen

Auf die Frage, welches Ziel verfolgen Unternehmen, wird in der Regel die Gewinnmaximierung an erster Stelle genannt. Da diese Zielsetzung auch in vielen wirtschaftswissenschaftlichen Modellen unterstellt wird, hat sich in der Literatur eine heftige Diskussion bezüglich dieser Aussage entwickelt, da das Streben nach Gewinn häufig mit der Ausbeutung der Arbeitskräfte verbunden wird. Allerdings kann man dieser Argumentation entgegenhalten, dass die Forderung nach Maximierung des Gewinns noch keine Aussage beinhaltet, wer von diesem Ziel letztendlich profitieren soll. Die Diskussion bezieht sich somit weniger auf die Erwirtschaftung, sondern vielmehr auf die „gerechte" Verteilung des Gewinns.

Aufgrund von strategischen Überlegungen wurde die früher häufiger vorzufindende Zielsetzung der kurzfristigen Gewinnmaximierung durch das Streben nach einer langfristigen Gewinnmaximierung ersetzt. Bei öffentlichen Betrieben, die nicht nach dem erwerbswirtschaftlichen Prinzip arbeiten, steht in erster Linie die Bedarfsdeckung im Vordergrund. Diese Betriebe werden teilweise als reine Zuschussbetriebe geführt, so dass dort weder die Möglichkeit noch die Notwendigkeit einer Gewinnerzielung vorliegt.

Obwohl die Erzielung von Gewinn als unternehmerisches Ziel leicht nachvollziehbar ist, ergeben sich sowohl in der Theorie als auch in der Praxis eine Reihe weiterer Zielgrößen, die von den Unternehmen mehr oder weniger stark verfolgt werden (vgl. Abbildung 4.1).

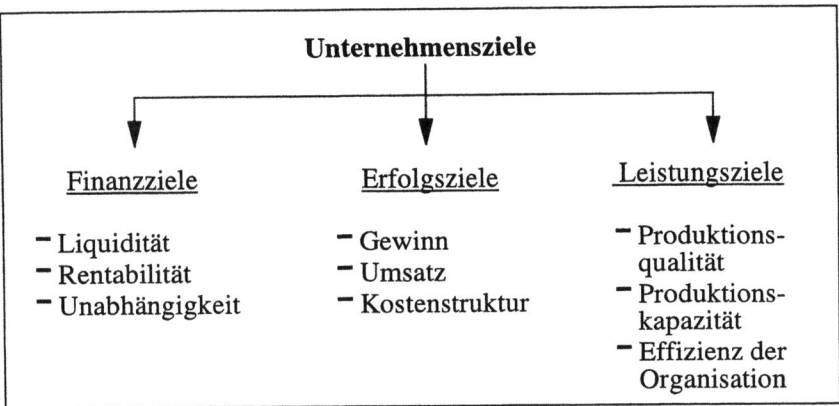

Abbildung 4.1: Unternehmensziele

Insbesondere in den Zeiten, in denen es dem Unternehmen relativ schlecht geht, gewinnen die finanziellen Ziele sehr stark an Bedeutung. Treten Probleme im Bereich der Liquidität auf, das heißt, das Unternehmen hat Schwierigkeiten, seine Zahlungsverpflichtungen zu erfüllen, dann müssen alle Möglichkeiten genutzt werden, um diesen Zustand zu beenden. Für die langfristige Entwicklung des Unternehmens ist es darüber hinaus wichtig, dass die finanziellen Reserven ausreichen, um die geplanten Investitionen auch durchführen zu können. Das Zielsystem eines Unternehmens sollte deshalb unterschiedliche Zeithorizonte beinhalten.

Beispiel 4.1: Mehrdimensionale Zielsysteme

In einem Unternehmen wurde als ein wichtiges Ziel eine hohe Produktqualität gefordert. In verschiedenen Abteilungen wird nun versucht, diese Forderung zu erfüllen. Die Forschungsabteilung hat aus diesem Grund eine aufwendige Versuchsreihe zur Überprüfung unterschiedlicher Rohstoffe aufgebaut. Mitten in den Versuchen erhalten die Mitarbeiter die Nachricht, dass alle weiteren Mittel für die Versuchsreihe zunächst gestrichen werden. Dieses im ersten Augenblick unverständliche

Verhalten der Unternehmensleitung wird transparenter, wenn zum Beispiel ein akutes Liquiditätsproblem zu dieser Entscheidung geführt hat. In diesen Fällen muss die Unternehmensleitung zur Erhaltung des Unternehmens alle Ausgaben streichen, die sie kurzfristig beeinflussen kann.

Bei den Erfolgszielen tritt neben der Erzielung von Gewinn in der letzten Zeit die Optimierung der Kostenstruktur immer mehr in den Vordergrund. Verfolgt man die Diskussion in der Bundesrepublik Deutschland, dann scheint die Reduzierung der Kosten in vielen Unternehmen die oberste Priorität zu haben. Auch wenn auf den ersten Blick die Ziele Erhöhung des Gewinns bzw. Senkung der Kosten ähnlich erscheinen, ergeben sich bei der Durchsetzung deutlich unterschiedliche Strategien. Ist die Reduzierung der Kosten eindeutig ausgerichtet, kann man eine Gewinnerhöhung auf zwei unterschiedlichen Wegen erreichen. Zum einen gelingt dies durch die Reduktion der Kosten, auf der anderen Seite kann man aber auch versuchen, den Umsatz zu steigern (Gewinn = Umsatz - Kosten).

Die Leistungsziele beziehen sich im Gegensatz zu den beiden anderen Zielgruppen mehr auf die Fähigkeiten des Unternehmens im Vergleich zur Konkurrenz. Hierunter fallen zum Beispiel die Zielsetzungen, eine möglichst hohe Produktqualität zu erreichen, die Produktionskapazitäten optimal zu nutzen oder ganz einfach die gesamte Organisation des Unternehmens zu verbessern.

In letzter Zeit konzentriert sich die Diskussion um die Zielsetzung von Unternehmen verstärkt auf den Begriff der Kundenzufriedenheit. Die unternehmerischen Leistungen sollen sich konsequent an den Wünschen der Kunden orientieren, um somit den Absatz und letztendlich den Gewinn steigern zu können. Zur Erfassung der Kundenanforderungen gibt es unterschiedliche Ansätze, die im Marketing-Buch dieser Reihe ausführlich diskutiert werden.

Beispiel 4.2: Kundenzufriedenheit als Unternehmensziel

Ein mittelständisches Maschinenbauunternehmen möchte seine Umsätze, die in der Hauptsache von den Produkten A und B erzielt werden, steigern. Produkt A weist in den letzten Perioden rückläufige Umsatzzahlen auf, wohingegen sich Produkt B gut im Markt behaupten konnte. Aufgrund dieser Informationen trifft die Unternehmensleitung die Entscheidung, dass Produkt A zu verbessern sei und Produkt B in der gleichen Ausstattung verstärkt vermarktet werden soll. Nachdem das veränderte Produkt A im Markt eingeführt ist, stellt man fest, dass die Marktbedeutung trotzdem rückläufig bleibt. Eine nun durchgeführte Befragung der Kunden führt zu folgendem Ergebnis:

Die Kunden von Produkt A sind auch nach der Produktveränderung mit dem Angebot unzufrieden, wobei insbesondere der Service sehr stark bemängelt wird.

In Beispiel 4.2 wurde von der Unternehmensleitung bzw. den entsprechenden Abteilungen aufgrund der eigenen Einschätzung eine Veränderung des Angebots vorgenommen, ohne zuvor die Kunden zu befragen. Durch diese Vorgehensweise wurde nicht nur sehr viel Geld nahezu umsonst investiert, sondern es ging auch wertvolle Zeit verloren, in der die Konkurrenz ihre Marktstellung weiter ausbauen konnte. Zur Erfassung der Kundenzufriedenheit steht ein umfangreiches Instrumentarium zur Verfügung, dessen Anwendung allerdings gewisse Fachkenntnisse erfordert.

In den Fällen, in denen sich eine Volkswirtschaft in einer Rezession befindet, wird verstärkt die Erhaltung der Arbeitsplätze von den Unternehmen als Ziel formuliert. Zur Erreichung dieses Ziels wird auch die Mitarbeit der Arbeitnehmer erwartet, die beispielsweise auf Lohnerhöhungen oder sonstige Leistungen verzichten. Zur Erfüllung dieser Zielsetzung kann auch der Gesetzgeber durch eine Verringerung der Lohnnebenkosten beitragen, durch die ebenfalls eine Kostenentlastung bei den Unternehmen realisiert werden kann. Allerdings zeigt die Realität, dass durch Lohnreduktionen allein die Arbeitsplätze in Deutschland nicht gesichert werden können.

Damit die Unternehmensziele für alle Mitarbeiter transparent werden, müssen die globalen Ziele auf die nachfolgenden Bereiche herunter gebrochen werden, so dass eine Zielhierarchie (vgl. Abbildung 4.2) entsteht. Jeder Teilbereich muss seine Ziele aus dieser Hierarchie ableiten und in das gesamte unternehmerische Zielsystem einordnen können.

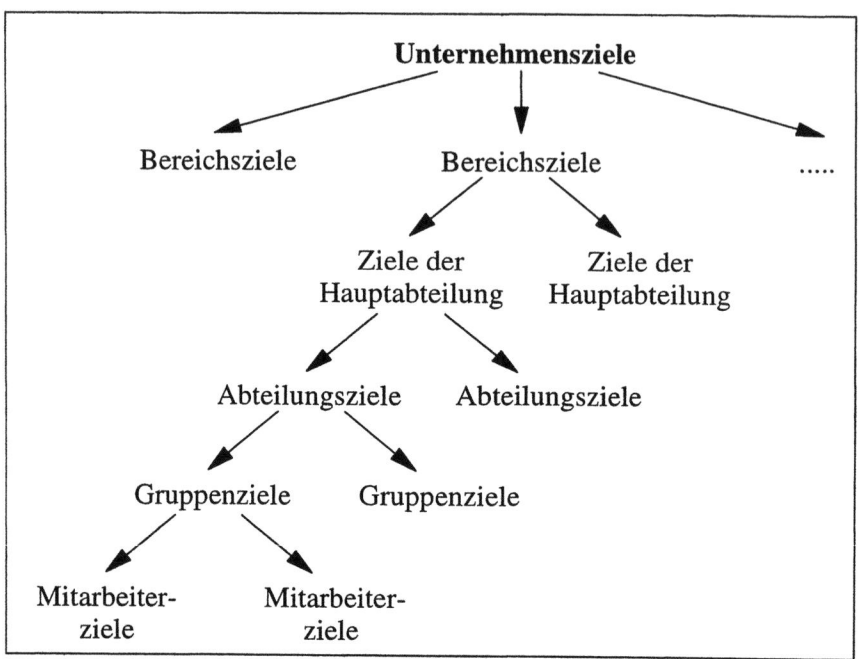

Abbildung 4.2: Zielhierarchie

Beispiel 4.3: Zieltransparenz

In einem Unternehmen werden zurzeit eine Vielzahl von Qualitätszirkeln gegründet, um die Produkt- und die Prozessqualität im gesamten Unternehmen zu verbessern. In einer Abteilung sind besonders engagierte Mitarbeiter aktiv, denen es gelingt, innerhalb einer sehr kurzen Zeit 25% der Kosten in dem von ihnen untersuchten Bereich einzusparen. Die Bewertung dieser Leistung wird aber stark relativiert, wenn man feststellt, dass diese Einsparungen in erster Linie durch einen Qualitätsverlust bei den Inputfaktoren erzielt wurden. Besonders unangenehm ist dies, wenn die Unternehmensleitung beschlossen hat, dass das Unternehmen sich im Bereich Qualität positionieren möchte und der Bereich Marketing bereits entsprechende Kampagnen entwickelt hat.

Die einfache Situation in Beispiel 4.3 verdeutlicht, wie wichtig eine hohe Transparenz der Unternehmensziele ist. Nur wenn alle Mitarbeiter wissen, dass das Unternehmen eine Positionierung im Bereich Qualität anstrebt, können diese sich darauf einstellen und ihre Verbesserungsvorschläge entsprechend formulieren.

4.1.2 Einflussfaktoren auf die Zielbildung

Bei der Formulierung ihrer Ziele muss die Unternehmensleitung unterschiedliche Aspekte berücksichtigen (vgl. Abbildung 4.3). Neben den eigenen Ansprüchen, die in der Unternehmensphilosophie zum Ausdruck kommen, müssen die Vorstellungen und Ansprüche der Mitarbeiter berücksichtigt werden. Ein weiterer starker Einfluss entsteht durch die Erwartungen der Anteilseigner, wenn zum Beispiel bei einer Aktiengesellschaft von den Aktionären eine hohe Dividende gefordert wird.

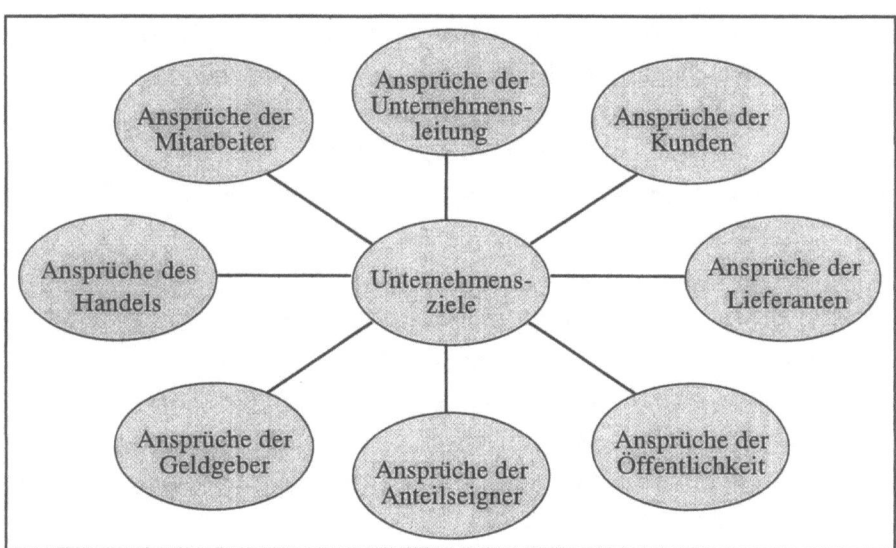

Abbildung 4.3: Einflussfaktoren auf die Zielbildung

Beachtet werden müssen auch die Wünsche bzw. Möglichkeiten der Marktpartner, wobei hier an erster Stelle die Kundenanforderungen zu nennen sind. Aber auch die Lieferanten und die Absatzhelfer sind im Zielbildungsprozess zu berücksichtigen.

Vor der Formulierung der Leistungsziele sind zunächst Informationen über die Konkurrenz zu beschaffen, um feststellen zu können, in welchen Bereichen Stärken bzw. Schwächen im eigenen Unternehmen zu finden sind. Will man beispielsweise mit dem Anspruch auf dem Markt auftreten, dass die eigenen Produkte immer an der Spitze der technologischen Entwicklung sind, muss man sicher sein, dass der Vorsprung gegenüber der Konkurrenz im Bereich der Produktentwicklung ausreicht, um diesem Anspruch gerecht werden zu können.

Beispiel 4.4: Leistungsziele

> Ein Unternehmen überlegt sich, ob es die bisherigen Leistungsziele beibehalten oder neue Ziele definieren soll. Zur Vorbereitung dieser Entscheidung lässt die Unternehmensleitung zunächst die Konkurrenten genau analysieren, um deren Stärken und Schwächen zu erfahren und den eigenen Eigenschaften gegenüber stellen zu können. Auch wenn bei diesem Verfahren deutlich wird, dass das eigene Unternehmen bestimmte Stärken gegenüber der Konkurrenz aufweist, muss vor der endgültigen Zielfestlegung eine Kundenbefragung durchgeführt werden, um die Bereiche zu intensivieren, die für die potenziellen Kunden kaufentscheidend sind. Dies könnte, je nach Branche, zum Beispiel die Produktqualität, die Flexibilität der Produktion oder die Liefertreue sein.

Neben den bereits aufgezeigten Einflussfaktoren auf die Zielformulierung eines Unternehmens, müssen weiterhin Anforderungen berücksichtigt werden, die von der Gesellschaft gestellt werden. Zu denken ist in diesem Zusammenhang zum Beispiel an Umweltaspekte, den Boykott bestimmter Lieferländer oder auch an die soziale Integration des Unternehmens in seine lokale und regionale Umwelt.

Letztendlich müssen aber alle bisher genannten Aspekte mehr oder weniger in den Hintergrund treten, wenn es um die Existenz des Unternehmens geht. Dann müssen Arbeitnehmer - wie bereits aufgezeigt - Ansprüche aufgeben, aber auch Anteilseigner auf die Verzinsung ihres investierten Kapitals verzichten.

4.2 Der Gegenstand der unternehmerischen Tätigkeit

4.2.1 Eigen- und Marktanalyse

Bei der Bestimmung des unternehmerischen Gegenstands sind einerseits die eigenen Fähigkeiten, andererseits die Marktgegebenheiten sehr genau zu analysieren (vgl. Abbildung 4.4). Bei der Selbstbewertung sollte man außer den betriebswirtschaftlichen und technischen Kenntnissen auch die Möglichkeit der finanziellen Ausstattung des Unternehmens sehr genau untersuchen. Hierbei geht es nicht nur um die Anschubfinanzierung, sondern auch um die Rücklagen zur Stabilisierung der ersten zwei bis drei Jahre nach der Unternehmensgründung, um unternehmerische Rückschläge verkraften zu können. Die Statistiken belegen immer wieder, dass gerade in der Anfangsphase Neugründungen aufgrund von Liquiditätsproblemen Konkurs anmelden müssen.

Weiterhin ist es in vielen Märkten notwendig, dass gute Kontakte zu Lieferanten und Abnehmern bestehen. Zur Unterstützung der Existenzgründer gibt es in Deutschland eine Vielzahl von Institutionen, deren Adressen bei den IHKs erfragt werden können. Diese Hilfestellung sollte auch unbedingt in Anspruch genommen werden, da dadurch Anfangsfehler mit weitreichenden negativen Konsequenzen vermieden werden können.

Abbildung 4.4: Bestimmung des Unternehmensgegenstands

Beispiel 4.5: Gründung eines Beratungsunternehmens

Mehrere Studenten überlegen sich, ob sie nach dem Abschluss ihres Studiums ein Beratungsunternehmen mit dem Schwerpunkt Bankenmarketing gründen sollten. Im Rahmen der Eigenanalyse sind in diesem Fall unter anderen folgende Kriterien zu überprüfen:

- Ist genügend betriebswirtschaftliches Know-how mit dem Schwerpunkt Banken vorhanden?
- Bestehen bereits Kontakte zu möglichen Kunden?
- Wie groß ist die Finanzkraft des neuen Unternehmens? (Für ein Beratungsunternehmen können die Anfangskosten relativ niedrig gehalten werden).
- Verfügen die zukünftigen Kundenberater über Kenntnisse im Bereich Kommunikation, Konfliktmanagement bzw. Verhandlungsführung?
- Wie viel Zeit kann jeder der Beteiligten für das Unternehmen zur Verfügung stellen?

Beispiel 4.6: Gründung eines Unternehmens aus dem Bereich Elektronik

Im Vergleich zu der Situation in Beispiel 4.5 hat bei der Gründung eines Unternehmens im Bereich Elektronik die Frage nach der Finanzkraft eine wesentlich höhere Bedeutung, da zur Aufnahme der Produktion teure Maschinen sowie entsprechendes Material benötigt werden. Weiterhin sollten die Unternehmensgründer über technisches Know-how verfügen, wenn sie nicht sofort einen entsprechend qualifizierten Manager einstellen möchten. Neben den Kontakten zu den potenziellen Kunden muss auch sichergestellt werden, dass die benötigten Produktionsfaktoren reibungslos beschafft werden können. Hierzu sind eine enge Verbindung zu den maßgeblichen Lieferanten sowie eine regelmäßige Analyse des Beschaffungsmarktes notwendig. Auch der Bereich Patente, Schutzrechte etc. spielt hier eine wesentlich größere Rolle als bei der Gründung eines Beratungsunternehmens.

Im Rahmen der Marktanalyse stehen zunächst die Nachfrager im Blickpunkt. Wie viele Nachfrager es gibt, welche Struktur und Kaufgewohnheiten haben diese potenziellen Kunden, wie stark ist die Bindung an bestehende Angebote, sind nur wenige der vielfältigen Fragestellungen, die zu einer genauen Analyse der Nachfrage erforderlich sind. Einen ähnlich hohen Stellenwert hat die Konkurrenzanalyse. Gibt es einige wenige große Anbieter, die sich den anvisierten Markt teilen oder ist dieser Markt durch eine Vielzahl kleiner Anbieter gekennzeichnet? Pro Konkurrent müssen unter anderem Informationen zu den finanziellen Möglichkeiten, der Marktstellung, der Produktpalette, der Leistungsfähigkeit der Mitarbeiter und der Managementqualität beschafft werden. Darüber hinaus sind allgemeine Informationen über den Zielmarkt, wie zum Beispiel gesetzliche Auflagen, technischer Stand der Produktion, nutzbare Distributionskanäle, staatliche Unterstützungsmöglichkeiten oder Beschaffungsmöglichkeiten notwendig.

4.2.2 Innovation oder Me-too-Produkt

Bei der Wahl des zu produzierenden Produkts kann man generell drei große Bereiche unterscheiden:

- Innovation;
- Me-too-Produkt;
- Nischenprodukt

Soll ein völlig neues Produkt angeboten werden, spricht man von einer Innovation. Das heißt, das entsprechende Produkt wurde bisher noch nicht auf dem Zielmarkt angeboten. In Abhängigkeit davon, ob dieses Produkt weltweit oder nur auf dem Zielmarkt neu ist, spricht man von einer Welt- bzw. Marktinnovation. Produkte können auch nur für ein Unternehmen neu sein, was dann allerdings nur zu einer Unternehmensinnovation führt.

Beispiel 4.6: Innovator

Innovationen zu entwickeln wird in vielen Märkten ständig schwieriger, da es sich um stagnierende Märkte mit vielen

Anbietern handelt. Trotzdem gelingt es Unternehmen immer wieder, mit etwas Neuem auf den Markt zu kommen. Zu denken ist beispielsweise an den Walkman von Sony, die Powerfeile vom Black & Decker oder das Getränk Tea & Fruit (Punica) von Proctor & Gamble.

Der Vorteil einer Innovation liegt darin, dass man als Erster auf dem Markt automatisch Marktführer wird, eine hohe Käuferzahl gewinnen kann und über einen relativ hohen Preisspielraum verfügt. Nachteilig ist dagegen das Risiko, das mit dieser Vorgehensweise verbunden ist. Einerseits sind die gesamten Entwicklungskosten zu tragen, da man nicht auf bereits bewährte Techniken zurückgreifen kann. Andererseits besteht in der Regel ein sehr hohes Marktrisiko. Erst nach der Markteinführung kann festgestellt werden, ob sich für das neue Produkt überhaupt ein Markt findet. Weiterhin muss der Innovator zunächst den generellen Nutzen der neuen Produktkategorie den potenziellen Käufern verständlich machen. Von den ersten Werbemaßnahmen werden deshalb auch die zukünftigen Konkurrenten profitieren.

Diese Investitionen kommen denjenigen Anbietern zugute, die mit einem Me-too-Produkt in den Markt eintreten. Ein Me-too-Produkt ist quasi der mehr oder weniger detailgetreue Nachbau eines bereits am Markt etablierten Angebots. Der Vorteil für die Me-too-Anbieter liegt darin, dass die potenziellen Kunden den Nutzen der Produktgattung schon kennen und man sie nur noch zum Kauf des eigenen Produkts animieren muss. Weiterhin bestehen Kostenvorteile, da ein Teil der Entwicklungskosten durch die Vorarbeiten der Innovatoren eingespart werden können. Nachteilig ist bei dieser Strategie, dass eher geringe Preisspielräume bestehen, viele Kunden sich schon für einen Konkurrenten entschieden haben und dass die Innovatoren Abwehrmaßnahmen ergreifen können (zum Beispiel zeitlich begrenzte Preissenkungen, Exklusivverträge mit Distributeuren oder eine Verstärkung der Kundenbindungsprogramme).

Beispiel 4.7: Me-too-Anbieter

Me-too-Anbieter findet man praktisch in allen Märkten, wobei sich dies nicht nur auf Märkte für materielle Produkte, sondern auch auf den Dienstleistungssektor bezieht. Häufig wird eine neue Leistung eines Anbieters sofort kopiert, wenn sich für dieses Angebot ein Gewinnpotenzial erkennen lässt. Dass hierbei nicht nur kurz- sondern auch langfristige Interessen von Bedeutung sind, zeigte die Entwicklung der Direktbanken 1996 in der Bundesrepublik Deutschland. Obwohl höchstwahrscheinlich keiner der Anbieter mit diesem Angebot anfänglich Geld verdienen konnte, nahm die Anbieterzahl weiterhin zu. Weitere Beispiele für Me-too-Produkte sind die zahlreichen Walkmans und Powerfeilen, die mittlerweile auf den Märkten angeboten werden.

Eine Kombination der oben beschriebenen Strategien bildet das Nischenangebot. Hierbei wird ein bereits auf dem Markt vorhandenes Produkt für einen speziellen Teilmarkt leicht modifiziert. Hierdurch kann man die Vorteile der beiden beschriebenen Alternativen nutzen, ohne die vollen Risiken tragen zu müssen. Die Wachstumsmöglichkeiten bei dieser Vorgehensweise sind allerdings beschränkt, da man sich von Anfang an nur auf einen Teilmarkt spezialisiert.

Beispiel 4.8: Nischenanbieter

Beispiele für Nischenanbieter sind Fluggesellschaften, die nur eine bestimmte Anzahl von Flughäfen anfliegen, Subaru, die sich nur im Segment der allradgetriebenen Fahrzeuge am Markt präsentieren oder auch Spezialfirmen im Investitionsgüterbereich, die sich auf eine bestimmte Arbeitsleistung spezialisiert haben. Ein Beispiel für ein Produkt, das bei der Markteinführung in einer Nische positioniert war, heute aber als Konkurrenzprodukt auf dem gesamten Markt verfügbar ist, ist das Mountain-Bike.

4.3 Standortwahl

Die Wahl des Standorts ist immer dann zu treffen, wenn es sich entweder um eine Unternehmensneugründung handelt, oder aus bestimmten Gründen ein bisher gewählter Standort nicht mehr den Anforderungen des Unternehmens genügt. Die nachfolgend aufgezeigten Aspekte beziehen sich auf die generelle Standortwahl eines Unternehmens. Die Anordnung der einzelnen Unternehmensteile (Produktion, Verwaltung, u.s.w.) soll an dieser Stelle nicht weiter betrachtet werden.

Die Bestimmung der Standortfaktoren lässt sich bis in das Jahr 1909 zurückverfolgen. In diesem Jahr veröffentlichte Alfred Weber seine Untersuchungsergebnisse zum Thema „Über den Standort der Industrien". Seitdem wurden eine Vielzahl von Standortkriterien entwickelt, die sich ganz grob in die klassischen und die aktuellen Faktoren unterteilen lassen.

4.3.1 Standortfaktoren

Die wichtigsten klassischen Standortfaktoren lassen sich in fünf Kategorien unterteilen (vgl. Abbildung 4.5). Die Materialorientierung richtet sich auf die zur Produktion notwendigen Roh-, Hilfs- und Betriebsstoffe. Dieser Standortgesichtspunkt ist insbesondere für die Unternehmen der Rohstoffgewinnungsindustrie von ausschlaggebender Bedeutung. Aufgrund der fehlenden Substitutionsmöglichkeiten ergeben sich in den Abbaugebieten hohe Konzentrationen der entsprechenden Industrien sowie der Zuliefer- und Weiterverarbeitungsfirmen. Zu nennen ist hier beispielsweise das Ruhrgebiet (Kohle) oder der Schwarzwald (Holzindustrie).

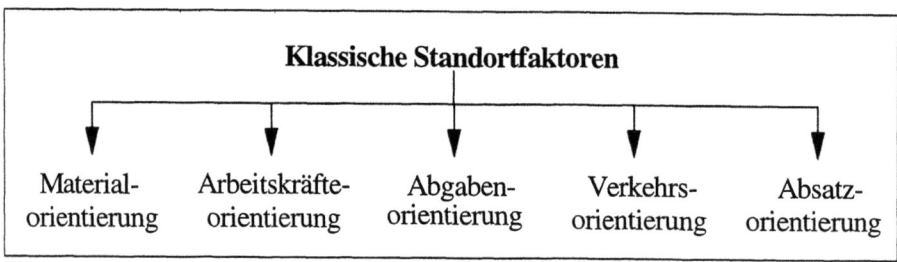

Abbildung 4.5: Klassische Standortfaktoren

Bei der Arbeitskräfteorientierung steht die Frage nach der Quantität und der Qualität der zur Verfügung stehenden Arbeitskräfte im Vordergrund. Dieses Kriterium ist in erster Linie für Branchen von Bedeutung, in denen die handwerklichen Fähigkeiten von Generation zu Generation vererbt werden. In der Bundesrepublik Deutschland wären in diesem Zusammenhang zu nennen:

- Glasbläser aus dem Thüringer Wald
- Edelsteinschleifer aus Idar Oberstein
- Schuhfertiger aus Pirmasens
- Uhrenbauer aus dem Schwarzwald
- Lederverarbeitung in Offenbach

Eine wesentliche Rolle spielt in diesem Zusammenhang auch das Lohnniveau, was dazu führen kann, dass ein Unternehmen seinen Standort bewusst außerhalb der Ballungszentren wählt. Ein weiterer Aspekt ist die Möglichkeit, fehlende Arbeitnehmer am Standort durch Pendler auszugleichen. Hierzu ist neben den Kosten des „Pendelns" auch die zeitliche Belastung der Arbeitnehmer zu beachten.

Die Abgabenorientierung bezieht sich auf die am potenziellen Standort vorzufindende Steuer- und Gebührenbelastung sowie die ortsüblichen Abgaben für beispielsweise die Wasserver- und -entsorgung. Aber auch die staatliche Förderung, die in bestimmten Gebieten zur Verfügung steht, kann die Standortentscheidung beeinflussen.

Die Verkehrsanbindung stellt einen weiteren Standortfaktor da. Neben der Erreichbarkeit über die Straße, zum Beispiel ein Anschluss an die Autobahn, gewinnt die Nähe zur Bahn bzw. zu Wasserwegen immer mehr an Bedeutung. Je nach Unternehmensgegenstand kann es auch notwendig sein, dass in der Nähe ein Flugplatz zur Verfügung steht.

Neben der Beschaffung der Produktionsfaktoren ist für die Standortentscheidung auch die Frage des Absatzpotenzials von großer Wichtigkeit. Ergänzend zur Anzahl der potenziellen Nachfrager ist deren Struktur sowie die vorhandene Kaufkraft zu analysieren. Eine wesentliche Rolle spielt in diesem Zusammenhang auch die Konkurrenzsituation am geplanten Standort, wobei es in der Praxis ganz unterschiedliche konkurrenzbezogene Verhaltensweisen gibt. Einerseits versucht man der direkten Konkurrenz möglichst aus dem Weg zu gehen, andererseits gibt es immer wieder Bereiche in denen mehrere Anbieter der gleichen Produktgruppe vorzufinden sind. Häufig trifft dies beispielsweise für Autohändler zu, die in vielen Städten nebeneinander angesiedelt sind.

Beispiel 4.9: Absatzorientierung

Die Frage nach den Absatzmöglichkeiten der Produktion ist natürlich auch heute noch eine der existenziellen Fragestellungen jedes Unternehmens. Allerdings haben die Entwicklungen im Bereich der Kommunikationstechnologie dazu geführt, dass der unmittelbare Kontakt mit der Ware als Voraussetzung eines Kaufs an Bedeutung verloren hat. Homebanking und Onlinekäufe sind heute selbstverständlich, so dass dieser Distributionskanal in vielen Unternehmen gleichberechtigt neben den anderen Distributionswegen gemanagt wird. Obwohl auch heute noch in erster Linie Software, Bücher und Reisen über das Internet gekauft werden, findet man heute kaum noch etwas, was sich nicht über das Internet bestellen lässt. Diese Entwicklung ist im Industriegüterbereich, in dem sowohl Käufer als auch Verkäufer Unternehmen sind, schon deutlich weiter fortgeschritten, als im Konsumgüterbereich.

Zusätzlich zu diesen „klassischen" Standortfaktoren werden in den letzten Jahren verstärkt Kriterien wie beispielsweise die Lebensqualität, die Nähe zu Forschungseinrichtungen sowie die Infrastruktur genannt. Unter Infrastruktur versteht man in diesem Zusammenhang nicht nur die Verkehrsanbindung, sondern auch die Verfügbarkeit von Kommunikationsmöglichkeiten sowie die kulturelle Infrastruktur.

Der Faktor Lebensqualität umfasst hierbei beispielsweise das kulturelle Angebot, Einkaufsmöglichkeiten, Naherholungsgebiete sowie Kindergärten und Schulen für die Förderung der Kinder. Insbesondere international tätige Unternehmen müssen ihren Mitarbeitern in diesen Bereichen etwas bieten, damit diese mehrere Stellen- und Länderwechsel akzeptieren. Ein Beleg für diesen Bedarf sind u.a. die internationalen Schulen, die in der Regel von der Industrie sowie durch Schulgebühren finanziert werden.

4.3.2 Internationale Standortfaktoren

Bei der internationalen Standortsuche müssen neben den unter Punkt 4.3.1 genannten Faktoren weitere Aspekte berücksichtigt werden. Diese lassen sich in vier große Bereiche unterteilen:

- Politische Faktoren
- Rechtliche Faktoren
- Soziale Faktoren
- Ökonomische Faktoren

Die politischen Faktoren umfassen die politische Stabilität, die Regierungsform, ethnische und religiöse Spannungen, Verbands- bzw. Gewerkschaftseinflüsse, die Beziehung zu den Nachbarländern etc.

Bei den Rechten geht es nicht nur um die aktuellen Gesetze und Verordnungen sondern auch um die Frage der Rechtssicherheit. Inwieweit werden Eigentumsrechte anerkannt, welche Verbindlichkeit haben Arbeits- oder Mietverträge, ist der Zugriff auf eigene finanzielle Mittel jederzeit gewährleistet sind nur einige Fragen, die man vor einem Auslandsengagement sorgfältig prüfen sollte. Weiterhin ist zu untersuchen, ob internationale Rechte akzeptiert und anerkennt werden. Hierunter fallen auch die Menschenrechte sowie das Verbot von Kinderarbeit.

Die sozialen Faktoren umfassen das Sozialsystem, die Bevölkerungsstruktur, die Einkommens- und Vermögensverhältnisse sowie den Bildungsgrad. Die hierbei gewonnenen Erkenntnisse geben nicht nur Aufschluss über die potenzielle lokale Nachfrage sondern auch über die Verfügbarkeit und Qualifikation der Arbeitskräfte vor Ort. Ein weiterer wichtiger Aspekt der sozialen Faktoren stellt die Frage nach der „üblichen" Korruption dar. Aber auch die Auseinandersetzung mit der vorherrschenden Arbeitsmoral im Zielland kann spätere Probleme vermeiden.

Der ökonomische Bereich der Betrachtung umfasst neben dem Bruttoinlandsprodukt, der Inflationsrate sowie der Finanzpolitik auch Variablen wie die Arbeitslosenquote, die Höhe der Auslandsverschuldung etc.

Neben den eigenen Ratings von potenziellen Zielländern, zum Beispiel anhand der oben aufgezeigten Kriterien, kann man eine Länderbewertung auch bei unterschiedlichen Marktforschungsinstituten kaufen.

Der bekannteste Index ist sicherlich der Business Environment Risk Information (BERI-) Index, des Unternehmen BERI S.A., Genf, der für rund 50 Länder dreimal jährlich berechnet wird.

Der BERI-Index besteht aus drei Subindizes:

- Operation Risk Index (ORI)
  Der ORI gibt Auskunft über das Geschäftsklima eines Landes, wobei die in Tabelle 4.1 aufgeführten Kriterien berücksichtigt werden. Die Kriterien werden pro Land von 10 bis 15 Experten bewertet, wobei die Kriterien zusätzlich gewichtet werden.

Tabelle 4.1: Kriterien des „Operation Risk Index (ORI)"

Nummer	Kriterium
1	Politische Stabilität
2	Verhalten gegenüber ausländischen Investoren und deren Gewinnen
3	Verstaatlichungstendenzen
4	Geldentwertungsrate
5	Zahlungsbilanz
6	Bürokratische Hemmnisse
7	Wirtschaftswachstum
8	Währungskonvertibilität
9	Durchsetzbarkeit von Verträgen mit Einheimischen
10	Lohnkosten und Produktivität
11	Verfügbarkeit örtlicher Fachleute und Lieferanten
12	Verfügbarkeit örtlicher Manager und Partner
13	Nachrichten und Transportwesen
14	Verfügbarkeit von kurzfristigen Krediten
15	Verfügbarkeit von langfristigen Krediten und Eigenkapital

- Political Risk Index

  Mit diesem Index wird die langfristige politische Stabilität eines Landes beurteilt

- Rückzahlungsfaktor

  Dieser Wert gibt an, inwieweit die Zahlungsfähigkeit eines Landes gesichert ist und ob Gelder problemlos in das Heimatland transferiert werden können.

Diese drei Subindizes werden anschließend aufaddiert, so dass die Summe die Gesamtbeurteilung eines Landes widerspiegelt.

4.3.3 Bestimmung des optimalen Standorts

Zur Bestimmung des optimalen Standorts ist eine Kosten-Nutzen-Analyse durchzuführen. Kann diese sehr kosten- und zeitintensive Analyse nicht vorgenommen werden, sollte mit Hilfe eines Punktbewertungsschemas (vgl. Beispiel 4.10) zumindest eine Grobbewertung alternativer Standorte erfolgen. Dieses qualitative Instrument ist aber nur in Ausnahmefällen anzuwenden.

Beispiel 4.10: Standortbewertung

Ein Unternehmen kann im Rahmen der Standortwahl zwischen drei Alternativen wählen.

Tabelle 4.2: Standortwahl

Kriterium	Ge-wicht	Bewertung Standort A	Bewertung Standort B	Bewertung Standort C
Lohnkosten	0,30	0,30*3	0,30*3	0,30*4
Arbeitskräfte-potenzial	0,20	0,20*5	0,20*4	0,20*5
Absatzgebiet	0,05	0,05*5	0,05*3	0,05*4
Lebensqualität	0,10	0,10*3	0,10*5	0,20*4
Abgaben	0,15	0,15*3	0,15*5	0,15*3
Infrastruktur	0,20	0,20*3	0,20*4	0,20*5
Summe	1,00	3,50	3,90	4,65

Zur Entscheidungsfindung müssen zunächst die Bewertungs-
kriterien sowie deren Gewichtung herausgearbeitet werden.
Anschließend wird jeder potenzielle Standort bezüglich der
Standortfaktoren bewertet. Das Unternehmen entscheidet sich
für den Standort, der die höchste Punktzahl aufweist.

Die Bewertung der Standorte erfolgte anhand einer Skala von
1 (= sehr ungünstig) bis 5 (= sehr günstig).

Aufgrund der in Tabelle 4.2 aufgezeigten Bewertung wird sich
das Unternehmen für den Standort C entscheiden.

Übungsaufgaben zum 4. Kapitel

Aufgabe 4.1:
Interpretieren Sie die Aussage: „Gewinnmaximierung führt zur Ausbeutung der Arbeitskräfte!"

Aufgabe 4.2:
Was versteht man unter einem mehrdimensionalen Zielsystem und welche Probleme können hierbei auftreten?

Aufgabe 4.3:
In welche drei Gruppen kann man die unternehmerischen Ziele einteilen? Geben Sie pro Gruppe zwei konkrete Ziele an.

Aufgabe 4.4:
Welche Bedeutung hat die Kundenzufriedenheit als Unternehmensziel?

Aufgabe 4.5:
Was versteht man unter einer Zielpyramide? Warum ist dieser Aufbau der Ziele notwendig?

Aufgabe 4.6:
Geben Sie sechs unterschiedliche Einflussfaktoren auf die Zielbildung an?

Aufgabe 4.7:
Geben Sie fünf Kriterien an, die Sie im Rahmen einer Analyse der Marktverhältnisse vor der Festlegung des Unternehmensgegenstands erfassen würden.

Aufgabe 4.8:

Welche Vor- bzw. Nachteile ergeben sich für Anbieter von Innovationen?

Aufgabe 4.9:

Was versteht man unter einem Me-too-Produkt? Welche Konsequenzen ergeben sich, wenn man ein Me-too-Produkt auf den Markt bringt?

Aufgabe 4.10:

Welche fünf Bereiche werden zu den klassischen Standortfaktoren gezählt?

Aufgabe 4.11:

Wie ist der Faktor „Absatzorientierung" als Standortfaktor zu bewerten?

Aufgabe 4.12:
Nennen Sie jeweils fünf Punkte, die für bzw. die gegen den Standort Bundesrepublik Deutschland sprechen.

Aufgabe 4.13:
Bei der Wahl eines internationalen Standorts müssen zusätzliche Standortfaktoren berücksichtigt werden. Geben Sie fünf dieser Faktoren an.

Aufgabe 4.14:
Zur Bestimmung des Standorts kann man unter anderem auf ein Punktbewertungsschema zurückgreifen. Wie funktioniert dieser Analyseansatz? Wie ist dieses Verfahren im Zusammenhang mit der Standortentscheidung zu bewerten?

5. Rechtsformen

Zur Rechtsform eines Unternehmens sind alle juristischen Regelungen zusammen zu fassen, die es zu einer rechtlich erfassbaren Wirtschaftseinheit machen. **Damit ist die Rechtsform eines Unternehmens seine gesetzlich normierte Grundstruktur.** In der Literatur werden die Begriffe Rechts- und Unternehmungsform entweder bedeutungsgleich verwandt, oder letzterer Terminus wird weitergefasst mit dem Verweis auf zusätzliche, ökonomische Merkmale, die das Wesen eines einzelnen Unternehmens prägen. Nach einer weiteren Abgrenzung, der hier gefolgt wird, stellen die Rechtsformen eine Obermenge dar, die neben den privatrechtlichen Varianten (Unternehmungsformen) auch die Rechtsformen der öffentlichen Betriebe beinhaltet.

Der Gesetzgeber stellt den Unternehmern eine Reihe von Rechtsformen als Alternativen zur Verfügung und überlässt ihnen die Entscheidung für eine Form, welche unter Beachtung der jeweils als wichtig erachteten Kriterien optimal erscheint. Hierbei sind die einzelnen Rechtsformen nicht in einem einheitlichen Gesetzbuch geregelt, vielmehr ergeben sie sich unter Berücksichtigung mehrerer Rechtsquellen:

- Bürgerliches Gesetzbuch (BGB)
- Handelsgesetzbuch (HGB)
- Aktiengesetz (AktG)
- GmbH-Gesetz (GmbHG)
- Genossenschaftsgesetz (GenG)
- Gesetz über die Beaufsichtigung von Versicherungsunternehmen (VAG)
- u.a.m.

Neben den gesetzlich vorgesehenen Alternativen entwickelten sich im Laufe der Zeit Mischformen, wie z.B. die GmbH & Co. KG oder die AG & Co. KG, durch Kombination bestimmter Eigenschaften der Grundtypen.

Da die Wahl der geeigneten Rechtsform für ein Unternehmen auf eine Reihe ökonomischer Kernfragen einen wesentlichen Einfluss hat, ist die

Kenntnis ihrer Grundzüge auch für den Ökonomen notwendig.

In der folgenden Abbildung 5.1 sind die wichtigsten Rechtsformen dargestellt.

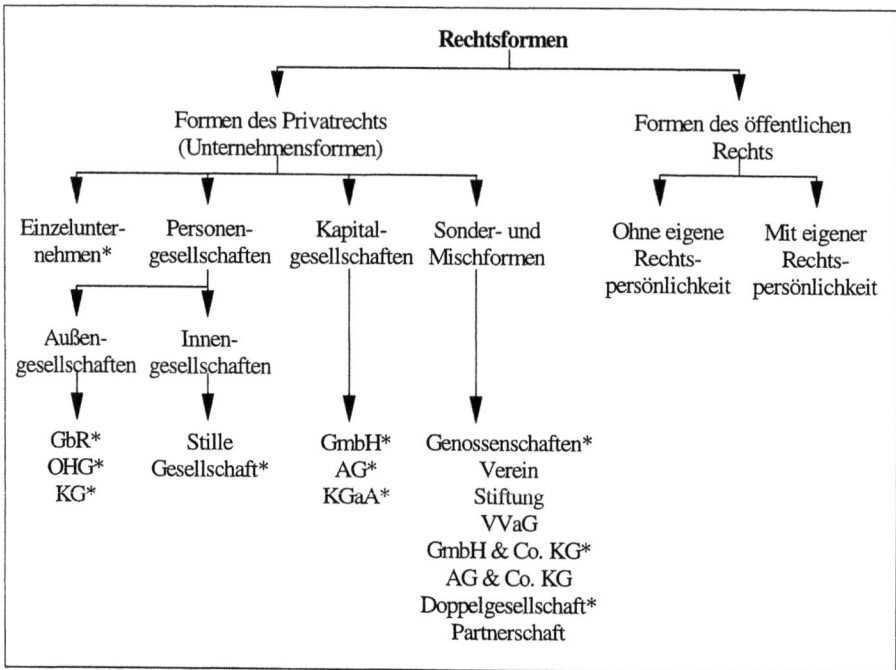

Abbildung 5.1: Die wichtigsten Rechtsformen im Überblick

Bevor im Anschluss die mit * gekennzeichneten Formen näher erläutert werden, sollen zunächst die wesentlichen Kriterien bei der Rechtsformenwahl erörtert werden.

5.1 Entscheidungskriterien bei der Rechtsformenwahl

Die wesentlichen Kriterien bei der Wahl einer geeigneten Rechtsform werden nachfolgend isoliert dargestellt, obgleich zwischen ihnen in zahlreichen Fällen Interdependenzen bestehen. Sind aus der Sicht des oder der Unternehmensgründer(s) einige Kriterien wichtiger als andere, so kann eine Gewichtung der Kriterien vorgenommen werden. Anschließend lässt sich auf der Basis der gewichteten Bewertung eine Entscheidung treffen.

Im Hinblick auf die Rechtsverhältnisse zwischen den einzelnen Gesellschaftern handelt es sich häufig um sogenannte dispositive Rechtsnormen, d.h. von den vom Gesetzgeber vorgesehenen Regelungen kann im Einzelfall abgewichen werden (nachgiebiges Recht).

Die wesentlichen Unterschiede zwischen den einzelnen Rechtsformen werden nach dem folgenden Katalog herausgearbeitet:

- Gründungserfordernisse/Rechtsgestaltung
- Leitungsbefugnisse
- Gewinn-/Verlustbeteiligung und Besteuerung
- Außenfinanzierungsmöglichkeiten
- Vorschriften zum Jahresabschluss

5.1.1 Gründungserfordernisse/Rechtsgestaltung

Die Gründungserfordernisse beziehen sich auf die zu beachtenden Formvorschriften und den gegebenenfalls notwendigen Eintrag in das Handelsregister sowie eine Mindest- oder Höchstanzahl von Personen und eine u.U. vorgeschriebene Mindesthöhe des Haftungskapitals.

Die Rechtsgestaltung einer Unternehmungsform beinhaltet neben ihrem Haftungsumfang (beschränkt oder unbeschränkt), Vorschriften zum Namen, unter dem der Kaufmann seine Geschäfte betreibt (Firma) und Regelungen zur Rechtsfähigkeit der Unternehmung. Hierbei wird auch jeweils Bezug auf den Weiterbestand oder die Auflösung des Unternehmens bei Ausscheiden eines Gesellschafters genommen.

5.1.2 Leitungsbefugnisse

Die Leitung eines Unternehmens beinhaltet zwei Elemente. Im Innenverhältnis (Geschäftsführung), folglich dem Verhältnis der Gesellschafter untereinander, muss geklärt werden, wer die laufenden gewöhnlichen und außergewöhnlichen Geschäfte führt und wer gegebenenfalls Kontroll-

und/oder Einsichtsrechte hat. Im Außenverhältnis (Vertretung) werden die Rechte und Pflichten der Gesellschafter gegenüber Dritten fixiert.

5.1.3 Gewinn-/Verlustbeteiligung und Besteuerung

Die Gewinn-/Verlustbeteiligung der Gesellschafter ist wesentlich mit ihrem Haftungsumfang verknüpft. Grundsätzlich handelt es sich bei den gesetzlichen Vorschriften zur Gewinn- und Verlustbeteiligung um dispositive Rechtsnormen. Ein entstandener Gewinn kann nach Köpfen und/oder erbrachten Kapitalanteilen verteilt werden. Die Verteilung eines Gewinns ist von der Gewinnentnahme zu unterscheiden. Die generellen Unterschiede in der steuerlichen Behandlung von Personen- und Kapitalgesellschaften werden in 5.5 dargestellt.

5.1.4 Außenfinanzierungsmöglichkeiten

Im Unterschied zu den von der jeweiligen Rechtsform nahezu unabhängigen Varianten der Innenfinanzierung (Selbstfinanzierung, Finanzierung über Abschreibungsgegenwerte etc.), sind die Außenfinanzierungsmöglichkeiten im hohen Maße von der gewählten Rechtsform abhängig. Diese Finanzierungsvarianten, mit der grundsätzlichen Eigenschaft, dass von „außen" (aus Sicht des Unternehmens) weitere Mittel bereitgestellt werden, sind in die Formen der Eigen- und der Fremdfinanzierung zu unterteilen. Bei der Beurteilung der Außenfinanzierungsmöglichkeiten ist insbesondere ein rechtsformbedingter freier Kapitalmarktzugang (Börsenfähigkeit) zu berücksichtigen.

5.1.5 Vorschriften zum Jahresabschluss

Die wesentlichen Vorschriften zum handelsrechtlichen Jahresabschluss sind Gliederungs-, Ansatz- und Bewertungsvorschriften für das Vermögen und das Kapital eines Unternehmens. Hierauf wird im weiteren Verlauf nicht eingegangen, sondern auf die vorhandene Spezialliteratur verwiesen.

Im Vordergrund der Betrachtung stehen vielmehr die rechtsformenspezifischen Pflichten zur Prüfung und Veröffentlichung des Jahresabschlusses.

Sofern eine Prüfungspflicht besteht, hat diese durch einen Wirtschaftsprüfer (oder eine Wirtschaftsprüfungsgesellschaft), in Ausnahmefällen auch durch einen vereidigten Buchprüfer, zu erfolgen.

Die Offenlegung dient der Unterrichtung der Öffentlichkeit über das Betriebsgeschehen. Sie erfolgt durch Einreichung des Jahresabschlusses zum Handelsregister und Bekanntmachung der Einreichung (bei einigen Gesellschaften auch Publikation des gesamten Jahresabschlusses) im Bundesanzeiger. Das Handelsregister ist ein bei den Amtsgerichten geführtes öffentliches Register aller Vollkaufleute und Handelsgesellschaften. An seine Stelle tritt im Falle der Genossenschaften das Genossenschaftsregister, welches ebenfalls bei den Amtsgerichten geführt wird. Die Publikationspflicht führt einerseits zu Aufwendungen und andererseits, gerade bei kleineren Gesellschaften, zur ungeliebten Transparenz des Unternehmensgeschehens. Letzterem wird insofern Rechnung getragen, als dass das Ausmaß der Informationsabgabe mit zunehmender Unternehmensgröße wächst.

5.1.6 Beschränkungen bei der Rechtsformenwahl

Nicht alle der nachfolgend erläuterten Rechtsformen stehen als Alternativen bei der Entscheidung für eine geeignete Rechtsform uneingeschränkt zur Verfügung. So sind beispielsweise die jeweils notwendigen Gründungserfordernisse (insbesondere im Hinblick auf eine Mindest- bzw. Höchstpersonenanzahl und einem Mindesthaftungskapital) zu erfüllen.

Die Art der wirtschaftlichen Betätigung reduziert in einigen Fällen die Alternativenanzahl, so dürfen private Versicherungsunternehmen nur in der Rechtsform der AG oder dem Versicherungsverein auf Gegenseitigkeit (VVaG) firmieren. Freiberuflich Tätige können sich gemeinsam nicht als OHG oder KG, sondern nur als GbR niederlassen. Für Gewerbetreibende, deren Betätigung einen nach Art und Umfang in kaufmännischer Weise eingerichteten Geschäftsbetrieb erfordert (Vollkaufleute), stellt die GbR keine Alternative dar.

5.2 Einzelunternehmen

Die Einzelunternehmung (Einzelkaufmann, Einzelfirma) ist die am häufigsten anzutreffende Unternehmungsform, sie ist die typische Rechtsform für kleine Unternehmen. Betrachtet man alle Unternehmen, unabhängig von der Umsatzhöhe, fallen circa 90 % aller Unternehmen in diese Klasse, wobei diese Unternehmensform insbesondere in den Bereichen Landwirtschaft, Einzelhandel und Handwerk zu finden ist.

Nach § 1 (1) HGB ist jeder, der ein Handelsgewerbe betreibt, ein Kaufmann (Istkaufmann).

Ein Handelsgewerbe ist jeder Gewerbebetrieb, es sei denn, dass das Unternehmen nach Art und Umfang einen in kaufmännischer Weise eingerichteten Geschäftsbetrieb nicht erfordert § 1 (2) HGB.

Ob ein in kaufmännischer Art und Weise eingerichteter Geschäftsbetrieb benötigt wird, ist nicht anhand eines Kriteriums zu bestimmen, sondern ergibt sich aus dem Gesamtbild des Betriebes. Hierzu werden u. a. die Anzahl der Beschäftigten, das Umsatzvolumen, das vorhandene Kapital, die Geschäftstätigkeit und die Unternehmensorganisation herangezogen.

Kleingewerbetreibende, die keinen in kaufmännischer Weise eingerichteten Geschäftsbetrieb benötigen, können sich aber trotzdem in das Handelsregister eintragen lassen und somit zu Kaufleuten werden (§ 2 HGB (Kannkaufmann). Daraus ergeben sich z. B. Vorteile bei der Beschaffung von Finanzmitteln, es bedeutet aber auch, dass nun alle Pflichten eines Kaufmannes, insbesondere im Bereich der Rechnungslegung, erfüllt werden müssen

Keine Kaufleute sind Ärzte, Rechtsanwälte, Architekten, Steuerberater und andere Freiberufler, da sie keine Gewerbe betreiben.

Die Gründung einer Einzelunternehmung ist formlos möglich. Zur Gründung bedarf es einer Person, des (Allein-)Inhabers, ein Mindesthaftungskapital ist nicht vorgeschrieben. Ist der Inhaber des Einzelunternehmens ein Kaufmann, muss seine Firma im Handelsregister eingetragen werden, wobei die Bezeichnung „eingetragener Kaufmann", „eingetragene Kauffrau", oder eine allgemein verständliche Abkürzung dieser Zusätze (e.K.; e.Kfm. oder e.Kfr.) (§ 19, HGB) hinzugefügt werden muss. Ansonsten kann eine Personen-, Sach- oder Fantasiefirma gewählt werden.

Die Firma eines Kaufmanns ist der Name, unter dem er seine Geschäfte betreibt und die Unterschrift abgibt. (§17 (1) HBG)
Ein Kaufmann kann unter seiner Firma klagen und verklagt werden. (§17 (2) HGB)

Der Inhaber haftet für die Schulden seines Unternehmens grundsätzlich allein und unbeschränkt, somit zählt zur Haftungsmasse neben dem im Betrieb vorhandenen Vermögen sein gesamtes Privatvermögen. Das Einzelunternehmen kann formlos liquidiert werden, bei Tod des Inhabers gehen die Schulden des Unternehmens auf die Erben über, sofern sie die Firma weiterführen.

Die Leitung des Einzelunternehmens obliegt dem Inhaber, er kann jedoch Teile hiervon delegieren (Prokura, Handlungsvollmacht).

Dem Inhaber fällt der gesamte Gewinn/Verlust zu und er kann über Privatentnahmen allein entscheiden.

Die Möglichkeiten zur Stärkung der Kapitalbasis des Einzelunternehmens sind maßgeblich durch das Gesamtvermögen des Inhabers begrenzt. Im Eigenfinanzierungsbereich bietet sich neben der Möglichkeit des Transfers von (weiterem) Eigenkapital aus seinem Privatvermögen die Aufnahme eines stillen Gesellschafters (vgl. 5.3.4) an. An langfristigen Fremdfinanzierungsalternativen stehen in erster Linie Bankkredite zur Verfügung, deren Volumen von der Kreditwürdigkeit des unbeschränkt haftenden Inhabers abhängig ist.

Nach dem „Gesetz über die Rechnungslegung von bestimmten Unternehmen und Konzernen" (Publizitätsgesetz) von 1969 sind Unternehmen unabhängig ihrer gewählten Rechtsform, folglich auch Einzelunternehmen, zur Offenlegung ihres Jahresabschlusses verpflichtet. Gemäß § 1 PublG gilt dies für Unternehmen, die an drei aufeinander folgenden Abschlussstichtagen mindestens zwei der drei nachstehenden Merkmale erfüllen:

- Die Bilanzsumme einer auf den Abschlussstichtag aufgestellten Jahresbilanz übersteigt 65 Millionen Euro.
- Die Umsatzerlöse des Unternehmens in den zwölf Monaten vor dem Abschlussstichtag übersteigen 130 Millionen Euro.
- Das Unternehmen hat in den zwölf Monaten vor dem Abschlussstichtag durchschnittlich mehr als 5000 Arbeitnehmer beschäftigt.

Die Pflicht zur Offenlegung entsteht erstmals für den dritten der aufeinander folgenden Abschlussstichtage zu denen die o.g. Merkmalsausprägungen vorliegen.

Beispiel 5.1: Einordnung in Unternehmensgrößenklassen nach dem PublG. Für das im Jahr 1 gegründete Unternehmen wurden am Ende der ersten vier Geschäftsjahre folgende Werte ermittelt:

Tabelle 5.1: Beispiel zum Publizitätsgesetz

Jahr	Bilanzsumme in Mio. Euro	Umsatzerlöse in Mio. DM	Arbeitnehmer im Jahresdurchschnitt
1	50	150	4750
2	65	150	4800
3	100	250	5100
4	120	280	5100

Ab wann muss das Unternehmen den Jahresabschluss aufgrund der Regelungen im Publizitätsgesetz offen legen?

Im zweiten Jahr erfüllt das Unternehmen zum ersten Mal 2 der 3 Merkmale. Da dies bis zum 4. Jahr anhält, muss der Jahresabschluss des 4. Jahres offen gelegt werden.

5.3 Personengesellschaften

5.3.1 Gesellschaft des bürgerlichen Rechts (GbR)

Die rechtlichen Bestimmungen zur GbR (auch BGB-Gesellschaft) finden sich im BGB (§§ 705 -740). **Die Gesellschaft des bürgerlichen Rechts ist eine auf Vertrag beruhende Vereinigung natürlicher oder juristischer Personen zur Förderung eines gemeinsam verfolgten Zwecks.** Als gemeinsamer Zweck können wirtschaftliche und nicht wirtschaftliche (künstlerische, karitative etc.) Zwecke Gegenstand der Gesellschaft sein, d.h. die GbR ist keine reine Gesellschaftsform des Wirtschaftslebens, gleichsam stellt sie jedoch die Grundform aller Personengesellschaften dar.

Als beispielhafte Anwendungsfälle der GbR können genannt werden:

- Zusammenschluss von Freiberuflern, z.B. die Anwaltssozietät oder die gemeinschaftliche Arztpraxis.
- Zusammenschluss von Minderkaufleuten, beispielsweise der Zusammenschluss mehrerer kleiner Schreinerbetriebe, die keinen in kaufmännischer Weise eingerichteten Gewerbebetrieb aufweisen.
- Gelegenheitsgesellschaften, so z.B. Arbeitsgemeinschaften im Baugewerbe, Bankenkonsortien, Vorgründungsgesellschaften, die jeweils auf eine zeitlich begrenzte Aufgabenerledigung (Gebäudefertigstellung, Aktienemission, Vorbereitungen zur GmbH-Gründung) ausgerichtet sind.
- Unterbeteiligungen, d.h. eine Person beteiligt sich nicht direkt an einer Gesellschaft, sondern an dem Gesellschaftsanteil einer anderen Person.

Der Gesellschaftsvertrag einer GbR kann formlos abgeschlossen werden, die Gründung erfolgt durch mindestens zwei Personen (Gesellschafter), ein Mindesthaftungskapital ist nicht bestimmt. Die GbR ist nicht rechtsfähig, sie nimmt nicht unter gemeinschaftlicher Firma am Geschäftsverkehr teil und sie ist nicht parteifähig.

Für die Schulden der Gesellschaft haften zunächst das Gesellschaftsvermögen sowie das Privatvermögen aller Gesellschafter, sofern die den Verbindlichkeiten zugrunde liegenden Rechtsgeschäfte im Namen aller Gesellschafter abgeschlossen wurden (gesamtschuldnerische Haftung). Allerdings kann mit einzelnen Gläubigern eine Haftungsbeschränkung auf das Gesellschaftsvermögen vereinbart werden. Das Vermögen der Gesellschaft steht den Gesellschaftern zur gesamten Hand zu (Gesamthandsvermögen), d.h. ein Gesellschafter kann nicht über seinen Anteil verfügen oder Teilung verlangen, solange die GbR besteht (dispositiv).

Sofern keine andere Vereinbarung getroffen wurde, löst sich die Gesellschaft bei Zweckerreichung, durch Auflösungsbeschluss, Kündigung, Tod oder Konkurs eines Gesellschafters formlos auf. An die Auflösung schließt sich die Auseinandersetzung der Gesellschafter im Hinblick auf das Gesellschaftsvermögen an, nach deren Abschluss die Beendigung der Gesellschaft erreicht ist. Ist die Gesellschaft für eine bestimmte Zeitspanne gegründet, kann der einzelne Gesellschafter nur bei Vorliegen eines wichtigen Grundes den Gesellschaftervertrag kündigen. Solch ein Grund liegt zum Beispiel vor, wenn ein anderer Gesellschafter seine nach dem Gesellschaftsvertrag festgelegten Verpflichtungen nicht erfüllt oder nicht erfüllen kann.

Grundsätzlich steht die Geschäftsführung allen Gesellschaftern gemeinschaftlich zu (Gesamtgeschäftsführung), sie wird jedoch häufig von einem oder mehreren geschäftsführenden Gesellschafter(n) wahrgenommen. Soweit keine andere Vereinbarung erfolgte, deckt sich die Vertretungsmacht mit der Geschäftsführungsbefugnis.

Die Verteilung des Gewinns bzw. Verlusts erfolgt nach Köpfen und damit unabhängig von der ggf. unterschiedlichen Höhe der erbrachten Kapitalanteile (dispositiv).

Die Finanzierungsinstrumente entsprechen jenen, die zur Einzelunternehmung bereits vorgestellt wurden, allerdings bietet sich der GbR die zusätzliche Möglichkeit der Aufnahme eines weiteren Gesellschafters, der mit einer Einlage in das Unternehmen eintritt, wobei sich dann natürlich auch Veränderungen bei der Geschäftsführung sowie der Gewinnverteilung ergeben werden.

5.3.2 Offene Handelsgesellschaft (OHG)

Die OHG ist gemäß § 105 HGB „**eine Gesellschaft, deren Zweck auf den Betrieb eines Handelsgewerbes unter gemeinschaftlicher Firma gerichtet ist, ... wenn bei keinem der Gesellschafter die Haftung gegenüber den Gesellschaftsgläubigern beschränkt ist**".

Zur Gründung einer OHG bedarf es wenigstens zweier Gesellschafter (natürliche oder juristische Personen). Ein Mindesthaftungskapital ist nicht vorgeschrieben. Formvorschriften zum Gesellschaftsvertrag existieren nicht. Die Firma ist in das Handelsregister einzutragen.

Die Firma der OHG kann eine Personen-, Sach-, Phantasie- oder eine Mischfirma sein, wobei die Bezeichnung „Offene Handelsgesellschaft" oder die entsprechende Abkürzung „OHG" angefügt werden muss.

Beispiel 5.2: Gründung einer OHG

Günther Pietsch und Markus Lech gründen gemeinsam eine OHG, um Elektrogeräte zu verkaufen.

Als Firma zulässig sind z.B. Pietsch & Lech OHG oder Pietsch & Lech Elektrogeräte OHG. Es ginge aber auch der Name Elektrogeräte OHG oder der Fantasiename Spannung OHG. Unzulässig wäre dagegen die Bezeichnung Pietsch Co., weil dann der Zusatz OHG fehlen würde.

Weitere wesentliche Unterschiede in der Rechtsgestaltung der OHG gegenüber der GbR sind:

● Die Haftung der Gesellschafter ist gesamtschuldnerisch und unbeschränkt, Haftungsbeschränkungen ähnlich der GbR sind nicht möglich.

● Unter der gemeinschaftlichen Firma können Rechte erworben und Verbindlichkeiten eingegangen werden, die Firma kann vor Gericht klagen und verklagt werden (damit stellt die OHG bereits eine Übergangsform zur juristischen Person dar).

- Wesentliche Voraussetzung der OHG ist der Betrieb eines vollkaufmännischen Handelsgewerbes.

Im Unterschied zur GbR sind Zweckerreichung oder Unmöglichwerden des Gesellschaftszwecks keine Auflösungsgründe. Als solche bestimmt § 131 HGB den Zeitablauf, einen Gesellschafterbeschluss, die Eröffnung des Insolvenzverfahrens über das Vermögen der Gesellschaft oder den richterlichen Beschluss.

Die Geschäftsführung obliegt im Unterschied zur GbR allen Gesellschaftern als Einzelgeschäftsführung (dispositiv), d.h. grundsätzlich ist jeder einzelne Gesellschafter zur Geschäftsführung berechtigt und verpflichtet. Gleiches gilt für die Vertretung der OHG, abweichende Regelungen müssen im Handelsregister eingetragen werden. Die Gesellschafter einer OHG unterliegen einem Wettbewerbsverbot, d.h. kein Gesellschafter darf im Handelszweig der Gesellschaft Geschäfte betreiben.

Zur Gewinnverteilung sieht der Gesetzgeber ein zweistufiges Vorgehen vor. In einem ersten Schritt erhält jeder Gesellschafter einen Gewinnanteil in Höhe von 4 % seiner Kapitaleinlage, der restliche Gewinn wird nach Köpfen verteilt. Sofern der Gewinn zu einer 4 %igen Verteilung nicht ausreicht, bestimmt sich die Verteilung nach einem niedrigeren Prozentsatz. Ein Verlust wird nach Köpfen verteilt. Diese Verteilung führt zunächst, unter Anrechnung von erfolgten Einlagen bzw. Entnahmen im Geschäftsjahr, zur Gutschrift auf dem Kapitalkonto des Gesellschafters. Zur Gewinnentnahme können die im ersten Schritt verteilten Beträge verwandt werden, höhere Entnahmen aus der Gewinnverteilung sind nur in dem Fall möglich, in dem dies laut § 122 HGB „nicht zum offenbaren Schaden der Gesellschaft gereicht". Alle Regelungen zur Gewinnverteilung und Gewinnentnahme stellen dispositive Rechtsnormen dar.

Beispiel 5.3: Gewinn-/Verlustbeteiligung in der OHG

Die Pietsch & Lech OHG erzielte im ersten Jahr ihrer Geschäftstätigkeit einen Gewinn von 30.000 €. Die Kapitaleinlage von Pietsch betrug 130.000 € und die von Lech 35.000 €. Der Gewinn ist nach der gesetzlichen Regelung zu verteilen.

Tabelle 5.2: Gewinnverteilung bei der OHG

Gesell-schafter	Einlage	4% der Einlage	Rest nach Köpfen	Gewinn-anteil
Pietsch	130.000	5.200	11.700	16.900
Lech	35 000	1.400	11.700	13.100

Ohne weiteren Abstimmungsbedarf können die beiden Gesell-schafter 5.200 € bzw. 1.400 € entnehmen.

Die Außenfinanzierungsmöglichkeiten der OHG entsprechen denen der GbR und brauchen daher nicht nochmals erläutert werden.

Eine Verpflichtung zur Prüfung und Offenlegung des Jahresabschlusses besteht in den Fällen, in denen die OHG die Kriterien nach § 1 Publizitäts-gesetz erfüllt (vgl. Beispiel 5.1.).

5.3.3 Kommanditgesellschaft (KG)

Die KG kann als Sonderform der OHG betrachtet werden. Die Unterschie-de sind in erster Linie darauf zurückzuführen, dass die KG zwei Arten von Gesellschaftern kennt, Komplementäre und Kommanditisten. **Während die Komplementäre hinsichtlich ihrer Rechte und Pflichten im wesent-lichen den Gesellschaftern der OHG entsprechen und damit u.a. voll haften, ist die Haftung der Kommanditisten auf den Betrag einer fi-xierten Einlage beschränkt. Allerdings sind die Kommanditisten in der Regel von der Geschäftsführung ausgeschlossen sowie zur Vertretung der Gesellschaft nicht befugt.**

Zur Gründung einer KG sind mindestens ein Komplementär und ein Kom-manditist erforderlich, ein Mindesthaftungskapital ist gesetzlich nicht vor-geschrieben. Für den Gesellschaftsvertrag existieren keine Formvorschrif-ten, der vorgeschriebene Eintrag in das Handelsregister hat die Höhe der einzelnen Kommanditeinlagen zu enthalten. Die Firma der KG hat den Zusatz „Kommanditgesellschaft" bzw. die Abkürzung „KG" zu enthalten, wobei wieder Personen-, Sach-, Phantasie- oder Mischfirmen möglich sind. Z.B.: Müller & Blau KG, Elektrogroßgeräte KG oder Himmelsblau KG. Die Auflösungsgründe entsprechen hinsichtlich der Komplementäre denen der OHG, der Tod eines Kommanditisten gilt nicht als Auflösungsgrund.

Die nicht zur Geschäftsführung befugten Kommanditisten haben bei Entscheidungen, die außerhalb der gewöhnlichen Geschäftstätigkeit liegen ein Widerspruchsrecht (z.B. Aufnahme neuer Gesellschafter, Auflösung der KG). Darüber hinaus haben Kommanditisten ein Kontrollrecht, so können sie eine Abschrift des Jahresabschlusses verlangen. Kommanditisten können nicht zu organschaftlichen Vertretern berufen werden, sie können jedoch Prokura oder Handlungsvollmacht erhalten. Kommanditisten haben kein Recht auf private Entnahmen. Sie können aber zum Schluss des Geschäftsjahres bei Einhaltung einer Frist von 6 Monaten kündigen.

Die gesetzlich vorgesehene Gewinnverteilung weicht von jener für die OHG insofern ab, als dass nach der 4 %igen Verteilung auf die Kapitaleinlagen aller Gesellschafter ein verbleibender Gewinnanteil im „angemessenen" Verhältnis aufzuteilen ist. Die Verteilung sollte somit den Sachverhalt berücksichtigen, dass die Komplementäre die Leitungsfunktion und das höhere Haftungsrisiko aufweisen. Gewinnentnahmen der Kommanditisten sind nur für den Fall vorgesehen, dass die vereinbarten Kapitaleinlagen in voller Höhe erbracht wurden.

Beispiel: 5.4: Gewinn-/Verlustbeteiligung in der KG

Am Eigenkapital der KG in Höhe von 3,8 Mio. € sind die Komplementäre A mit 25 %, B mit 35,5 %, C mit 30,5 % und der Kommanditist D mit dem Rest beteiligt. Der zu verteilende Gewinn beträgt 485.000 €. Laut Gesellschaftsvertrag erhalten zunächst alle Beteiligten 4 % auf ihre Einlage (1). Anschließend erhalten die Komplementäre je 15,5 % vom verbleibenden Gewinn (2), die Restsumme wird nach Kapitalanteilen verteilt (3).

Tabelle 5.3: Gewinnverteilung bei der KG

	A	B	C	D
1	38.000,00	53.960,00	46.360,00	13.680,00
2	51.615,00	51.615,00	51.615,00	-
3	44.538,75	63.245,02	54.337,28	16.033,95
Gewinn-anteil:	134.153,75	168.820,02	152.312,28	29.713,95

Die Instrumente der Außenfinanzierung entsprechen denen der OHG, allerdings sind bei der Beurteilung ihrer Qualität Unterschiede festzustellen. Die Beschaffungsmöglichkeiten weiteren Eigenkapitals sind sicherlich als besser einzustufen, da die KG durch die mögliche Haftungsbegrenzung (bei fehlender laufender Mitarbeit) in der Form eines Kommanditistendasein einen größeren Kreis potenzieller Kapitalgeber ansprechen dürfte. Zugleich wirken sich die fehlenden Zugriffsmöglichkeiten der Gläubiger auf das Privatvermögen der Kommanditisten, ceteris paribus, negativ auf die Kreditwürdigkeit der KG aus.

5.3.4 Stille Gesellschaft

Die stille Gesellschaft ist keine eigenständige Rechtsform, es handelt sich hierbei um eine reine Innengesellschaft (§§ 230 – 236 HGB). **Eine stille Gesellschaft liegt vor, wenn sich eine Person (stiller Gesellschafter) an dem Handelsgewerbe eines Kaufmanns in der Weise beteiligt, dass sie eine Vermögenseinlage leistet, welche in das Vermögen eines anderen übergeht und hierfür am Gewinn und unter Umständen auch am Verlust beteiligt ist.**

Hauptgesellschafter kann ein Einzelunternehmer, eine Personen- oder eine Kapitalgesellschaft sein. Im Außenverhältnis tritt weder der (die) Name(n) des (der) Stillen, noch die Höhe seiner (ihrer) Kapitaleinlage in Erscheinung, seine (ihre) Beteiligung wird auch nicht im Handelsregister verzeichnet. Die stille Gesellschaft entsteht mit Abschluss eines formlosen Gesellschaftsvertrags. Die Haftung des stillen Gesellschafters ist auf seine Einlage beschränkt.

Der typische stille Gesellschafter hat keine Leitungsbefugnisse, ihm steht lediglich das Recht zu, eine Abschrift des Jahresabschlusses zu verlangen und dessen Richtigkeit durch Einsicht in die Bücher zu prüfen.

Vom Gewinn des Unternehmens erhält der Stille einen den Umständen nach angemessenen Anteil (§ 231 HGB), eine Verlustbeteiligung kann ausgeschlossen werden. Im Falle der atypischen stillen Gesellschaft scheidet der Stille bei Auflösung der Gesellschaft nicht nur mit dem Nominalbetrag seiner Einlage aus, sondern er partizipiert auch an den offenen und stillen Rücklagen des Unternehmens. Wichtig ist die Differenzierung in stille und atypisch stille Gesellschaft u.a. für die steuerrechtliche Behandlung der Einkünfte aus der Beteiligung des Stillen, da im letzten Falle von einer sogenannten Mitunternehmerschaft ausgegangen werden kann (Einkünfte aus Gewerbebetrieb statt Einkünfte aus Kapitalvermögen).

Die Außenfinanzierungsmöglichkeiten und die Vorschriften zur Prüfung und Offenlegung des Jahresabschlusses sind abhängig von der Situation des Hauptgesellschafters und daher an dieser Stelle nicht weiter zu erläutern.

Die stille Gesellschaft eignet sich insbesondere für Kapitalgeber, die nach außen nicht in Erscheinung treten wollen, trotzdem aber über gewisse Informationsrechte bzgl. des Geschäftsverlaufes verfügen möchten.

Abschließend soll auf den Unterschied der stillen Beteiligung und des partiarischen Darlehens eingegangen werden. **Ein partiarisches Darlehen liegt vor, wenn der Gläubiger anstelle von Zinsen einen bestimmten Anteil vom Gewinn oder Umsatz erhält.**

Sofern ein gewinnabhängiger Ertrag vereinbart wird, ähnelt diese Darlehnsform der Einlage des stillen Gesellschafters. Der Unterschied liegt jedoch darin, dass es sich bei dem partiarischen Darlehen um keine echte Zweckgemeinschaft im Sinne einer Gesellschaft handelt und (hiermit verbunden) der Darlehensgeber kein Recht auf Herausgabe einer Abschrift des Jahresabschlusses hat.

5.4 Kapitalgesellschaften

5.4.1 Gesellschaft mit beschränkter Haftung (GmbH)

Die GmbH ist eine Gesellschaft mit eigener Rechtspersönlichkeit, deren Gesellschafter durch einen Geschäftsanteil (Stammeinlage) am Gesellschaftsvermögen beteiligt sind, ohne persönlich für die Verbindlichkeiten der Gesellschaft zu haften.

Bei der Entstehung einer GmbH sind drei Phasen zu unterscheiden:

- Phase der Vorgründungsgesellschaft
  Zumindest eine natürliche oder juristische Person betreibt die Gründung der Gesellschaft. Der Gegenstand des Unternehmens muss kein Handelsgewerbe sein. Die Vorgründungsgesellschaft stellt i.d.R. eine GbR dar, die sich bei Zweckerreichung (Gründung der Gesellschaft) auflöst. Wird ein vollkaufmännisches Handelsgewerbe betrieben, so liegt in dieser Phase eine OHG vor.

- Phase der Vorgesellschaft
  Die Vorgesellschaft entsteht durch Unterzeichnung eines notariellen Gesellschaftsvertrags (Satzung). Die Satzung muss mindestens den Namen sowie den Sitz der Gesellschaft, den Unternehmensgegenstand, den Betrag des Stammkapitals sowie die Höhe der Stammeinlage der einzelnen Gesellschafter enthalten. In dieser Phase haftet das Gesellschaftsvermögen den Gläubigern unbeschränkt und die Gesellschafter in Höhe des noch nicht erbrachten, aber im Gesellschaftsvertrag fixierten Stammkapitals. Darüber hinaus kann die Satzung eine Nachschusspflicht der Gesellschafter vorsehen. Das Stammkapital muss mindestens 25.000 € betragen, der Geschäftsanteil einzelner Gesellschafter (Stammeinlage) lautet auf mindestens 100 €.

Im Falle einer „Einmann-GmbH" tritt an die Stelle der Satzung eine einseitig notariell beurkundete Erklärung, für ausstehende Einlagen sind Sicherheiten zu bestellen.

- Gründung der GmbH

  Mit dem Eintrag in das Handelsregister ist die Gründung vollendet, die juristische Person ist entstanden, die Gesellschaft weist eine eigene Rechtspersönlichkeit auf. Sowohl eine Sachfirma (Beratungs-GmbH) als auch eine Personenfirma (Günter Pietsch GmbH) oder eine Kombination ist zulässig (Günter Pietsch Beratungsgesellschaft mbH), der Zusatz „mit beschränkter Haftung" ist jeweils Pflichtbestandteil. Grundsätzlich erlischt zwar die Gesellschafterhaftung gegenüber den Gläubigern, dies ist jedoch nicht absolut zu sehen. Eine Durchgriffshaftung auf das Privatvermögen der Gesellschafter ist in bestimmten Fällen möglich, so z.B. bei Unterkapitalisierung oder Institutsmissbrauch, hier sei auf die juristische Spezialliteratur verwiesen.

  Mögliche Auflösungsgründe der Gesellschaft sind in § 60 ff. GmbHG genannt (Zeitablauf, Gesellschafterbeschluss, Gerichtsurteil, Eröffnung des Konkursverfahrens über die Gesellschaft, u.a.). Die Eigenständigkeit der juristischen Person zeigt sich beispielsweise darin, dass der Tod eines Gesellschafters für den Fortbestand der GmbH ohne Bedeutung ist.

Da einer juristischen Person die natürliche Handlungsfähigkeit fehlt, werden die Leitungsfunktionen von natürlichen Personen (Organe) übernommen. Gesetzlich vorgeschrieben Organe der GmbH sind:

- der oder die Geschäftsführer,
- die Gesellschafterversammlung
- und unter Umständen ein Aufsichtsrat.

Dem Geschäftsführer (kann zugleich Gesellschafter sein) obliegt die laufende Leitung der Gesellschaft, er vertritt die GmbH und betreibt die Geschäftsführung. Bei mehreren Geschäftsführern besteht grundsätzlich Gesamtgeschäftsführung und -vertretung (dispositiv). Die Vornahme bestimmter Geschäfte ist nur mit Genehmigung eines anderen Organs möglich, der Geschäftsführer kann bindende Weisungen von der Gesellschafterversammlung in Geschäftsführungsangelegenheiten erhalten. Er wird i.d.R. durch die Gesellschafterversammlung für einen unbefristeten Zeitraum bestellt. Die Bestellung und Abberufung ist in das Handelsregister einzutragen. Der Geschäftsführer haftet der Gesellschaft gegenüber im Falle von Pflichtverletzungen.

Die Beschlüsse der Gesellschafter werden in Versammlungen gefasst. Die Hauptaufgaben der Gesellschafterversammlung sind in § 46 GmbHG geregelt und sind im Einzelnen u.a.:

- Feststellung des Jahresabschlusses und der Verwendung der Ergebnisse
- Bestellung, Entlastung und Abberufung der Geschäftsführer
- Satzungsänderungen
- Bestellung von Prokuristen und Handlungsbevollmächtigten
- Prüfung und Überwachung der Geschäftsführung

Beschlüsse der Gesellschafterversammlung werden mit einfacher Stimmenmehrheit gefasst, hierbei stellen jeweils 50 € Geschäftsanteil eine Stimme dar (dispositiv). Beschlüsse zur Änderung des Gesellschaftsvertrags und der Auflösung der Gesellschaft bedürfen einer 3/4-Mehrheit. Die Einberufung der Versammlung hat durch die Geschäftsführung mindestens einmal im Jahr zu erfolgen. Gründe zur Einberufung ergeben sich aus dem Gesetz oder der Satzung. Die Einberufung ist zwingend, wenn sie von einer Minderheit der Gesellschafterversammlung mit einem Anteil am Stammkapital von mindestens 10 % verlangt wird oder wenn die Hälfte des Stammkapitals verloren ist.

Ein Aufsichtsrat besteht, sofern er in der Satzung vorgesehen ist oder, aufgrund des Betriebsverfassungsgesetzes, wenn die GmbH regelmäßig mehr als 500 Arbeitnehmer aufweist. Wesentliche Aufgaben des Aufsichtsrats sind die Überwachung der Geschäftsführung und die Vertretung der Gesellschaft gegenüber dem (der) Geschäftsführer.

Die Gesellschafter einer GmbH haben Anspruch auf den zu verteilenden Gewinn der Gesellschaft. Dieser ergibt sich als korrigierter Jahresüberschuss. Als Korrekturfaktoren dienen hierbei ein möglicher Gewinn- oder Verlustvortrag und u.U. vorhandene gesetzliche oder satzungsmäßige Bestimmungen hinsichtlich des Ausschlusses von Gewinnanteilen zur Ausschüttung. Die Aufteilung des auszuschüttenden Gewinns erfolgt prinzipiell nach erbrachten Kapitalanteilen. Hiervon abweichend kann er auch nach einem anderen, in der Satzung vorgesehenen Schlüssel oder durch Beschluss der Gesellschafterversammlung aufgeteilt werden.

Die Möglichkeiten zur Kapitalbeschaffung liegen zum einen in der Aufnahme weiterer Gesellschafter, die mit einer Einlage in das Unternehmen eintreten und von denen i.d.R. neben einer Stammeinlage ein Aufgeld verlangt wird, da aufgrund ihres Eintritts in die Gesellschaft ein Anspruch auf die in der Vergangenheit gebildeten Rücklagen erwächst. Eine Nachschusspflicht der bisherigen Gesellschafter besteht nur, sofern dies in der Satzung vorgesehen ist. Ist dies nicht der Fall, könnte eine Einlagenerhöhung über eine Satzungsänderung beschlossen werden. Die Qualität der Möglichkeiten zur Eigenkapitalbeschaffung entsprechen trotz vorhandener Haftungsbegrenzung eher denen der Personengesellschaften als denen der AG, da GmbH-Anteile nicht zum Börsenhandel zugelassen, folglich nur schwer übertragbar sind (eingeschränkte Fungibilität oder Marktgängigkeit). Im Bereich der Varianten der Fremdfinanzierung sehen sich potenzielle Gläubiger vor dem Problem der i.d.R. fehlenden Durchgriffshaftung, weshalb zusätzliche Kredite an eine GmbH häufig nur durch die Kreditabsicherung über Teile des Privatvermögens der Gesellschafter gewährt werden.

Erteilt ein Gesellschafter seiner eigentlich nicht mehr kreditwürdigen Gesellschaft ein Darlehen, um deren Liquidität zu erhöhen aber eine Erweiterung seiner Haftung zu vermeiden (kapitalersetzendes Darlehen), so kann dieses Gesellschafterdarlehen im Konkurs unter bestimmten Umständen als Einlage interpretiert werden, womit die grundsätzlich höhere Sicherheit der Fremdkapitalbereitstellung verloren geht.

Alle Kapitalgesellschaften, somit auch die GmbH, unterliegen unabhängig ihrer Größe einer Publizitätsverpflichtung gemäß § 325 HGB. Der Umfang der Offenlegung ist jedoch abhängig von der Größe der Kapitalgesellschaft. Die Größenkategorien (vgl. Tabelle 5.4) sind in § 267 HGB beschrieben.

Tabelle 5.4: Größenkategorien (Kapitalgesellschaften)

Größe der Kapital-gesellschaft	Bilanzsumme in Mio. Euro	Umsatz in Mio. Euro	Arbeitnehmer im Jahresdurchschnitt
klein	bis 3,438	bis 6,875	bis 50
mittelgroß	3,438 – 13,750	6,875 – 27,500	50 - 250
groß	über 13,750	über 27,500	über 250

Zur Berechung der durchschnittlich beschäftigten Arbeitnehmer wird die Summe aus den Arbeitnehmern am 31. März, 30. Juni, 30. September und 31. Dezember durch 4 dividiert.

Zur Zuordnung müssen zwei der drei Kriterien erfüllt sein. Der Wechsel in eine andere Größenklasse führt nur dann zu anderen Rechtsfolgen, wenn an zwei aufeinander folgenden Geschäftsjahren die niedrigere oder höhere Größenklasse vorliegt. Kapitalgesellschaften gelten stets als groß, wenn von ihr ausgegebene Wertpapiere zum Börsenhandel in der EU zugelassen sind, oder die Zulassung beantragt wurde.

Beispiel 5.5: Einordnung von Kapitalgesellschaften in Größenklassen
In den ersten 7 Jahren der Geschäftstätigkeit wies eine GmbH die nachstehenden Kriterienausprägungen auf:

Tabelle 5.5: Entwicklung einer GmbH

Jahr	Bilanzsumme in TEuro	Umsatzerlöse in TEuro	Arbeitnehmer im Jahresdurchschnitt
1	3,0	28,4	260
2	3,5	20,0	235
3	2,5	10,4	255
4	2,7	5,3	120
5	2,8	8,2	45
6	11,0	12,1	261
7	14,4	18,3	265

Nach den Kriterien ergeben sich jeweils folgende Zuordnungen (groß = G / mittel = M / klein = K) und Rechtsfolgen:

Tabelle 5.6: Zuordnung zu Größenklassen

Jahr	1	2	3	4	5	6	7
Zuordnung	G	M	M	K	K	M	G
Rechtsfolgen	G	G	M	M	K	K	M

Prüfungspflichtig sind alle nicht kleinen Kapitalgesellschaften (§ 316 HGB), anstelle eines Wirtschaftsprüfers kann die mittelgroße GmbH auch durch einen vereidigten Buchprüfer geprüft werden (§ 319 HGB).

5.4.2 Aktiengesellschaft (AG)

Die AG ist eine Gesellschaft mit eigener Rechtspersönlichkeit, deren Gesellschafter (Aktionäre) mit Einlagen auf das in Aktien aufgeteilte Grundkapital beteiligt sind, ohne persönlich für die Verbindlichkeiten der Gesellschaft zu haften.

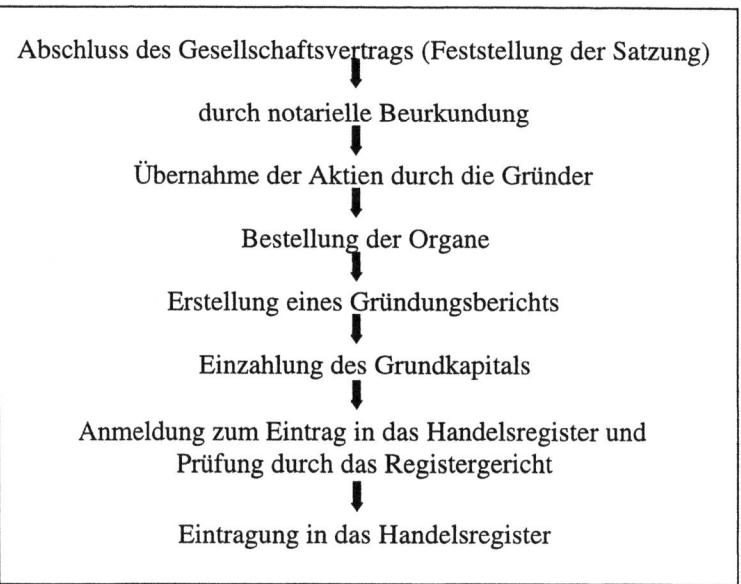

Abbildung 5.2: Stufen der Gründung einer AG

Die Aktiengesellschaft kann als die typische Rechtsform für Großunternehmen betrachtet werden. Um auch kleineren und mittleren Unternehmen die Möglichkeit einer verbesserten Kapitalbeschaffung zu geben, hat der Gesetzgeber das Gesetz für kleine Aktiengesellschaften und zur Deregulierung des Aktienrechts erlassen, es trat am 10.08.1994 in Kraft. Wichtige Veränderungen gegenüber dem bisherigen Aktiengesetz sind:

- Zur Gründung bedarf es nur noch mindestens einer Person
- Der Mindestnennwert einer Aktie beträgt 1 Euro

Zur Gründung sieht das AktG eingehende Sondervorschriften vor. Der Gründungsvorgang ist in Abbildung 5.2 skizziert.

Die Mindestbestandteile der Satzung sind in Tabelle 5.7 jeweils mit kurzen Anmerkungen genannt.

Die Auflösungsgründe entsprechen denen der GmbH und werden daher nicht nochmals benannt.

Die Organe der Aktiengesellschaft sind:

- Der Vorstand
- Der Aufsichtsrat
- Die Hauptversammlung

Dem Vorstand der AG obliegt die Geschäftsführung und Vertretung, er hat für die Führung der Handelsbücher zu sorgen, den Jahresabschluss aufstellen, prüfen und publizieren zu lassen, den Aufsichtsrat über die Geschäftslage zu informieren, die ordentliche Hauptversammlung jährlich einzuberufen und ihre Beschlüsse vorzubereiten und auszuführen. Der Vorstand wird vom Aufsichtsrat für die Dauer von maximal 5 Jahren bestellt (Handelsregistereintrag). Ein Mitglied des Aufsichtsrats kann nicht zugleich Vorstand sein. Soweit nichts anderes in der Satzung bestimmt ist, besteht Gesamtgeschäftsführung und Gesamtvertretung. Im Unterschied zum Geschäftsführer einer GmbH, der von den Gesellschaftern Weisungen empfangen kann, handelt der Vorstand eigenverantwortlich, er ist nicht weisungsgebunden.

Tabelle 5.7: Pflichtbestandteile der Satzung einer Aktiengesellschaft

Inhalt der Satzung	Anmerkung
Firma und Sitz der Gesellschaft	Die Firma ist i.d.R. dem Gegenstand des Unternehmens zu entnehmen (Sachfirma) und muss den Zusatz auf die Rechtsform enthalten.
Gegenstand des Unternehmens	Der Gegenstand ist konkret zu formulieren, Allgemeinbeschreibungen, wie „Geschäfte aller Art" sind unzulässig.
Höhe des Grundkapitals (Haftungskapital)	Mindestens 50.000 €. Sofern eine Sachgründung vorgesehen ist, sind die Sacheinlagen (z.B. Grundstücke, Beteiligungen etc.) im Rahmen der Gründung in vollem Umfang zu erbringen. In der Satzung sind Gegenstand der Einlage und die Person des Aktionärs zu verzeichnen. Eine Nachschusspflicht der Aktionäre ist nicht zulässig.
Nennbeträge der Aktien, Anzahl je Nennbetrag und evtl. Gattung der Aktien	Wenn mehrere Gattungen bestehen, ist deren jeweilige Anzahl anzugeben. In der Bundesrepublik zulässige Gattungen sind u.a.: - Stammaktien vs. Vorzugsaktien - Die Stammaktien stellen den Normaltyp der Aktie dar, Vorzugsaktien weisen vermögens- oder verwaltungsrechtliche Besonderheiten auf, z.B. die Aktie ohne Stimmrecht mit einer Vorzugsdividende. - Inhaberaktien vs. Namensaktien - Inhaberaktien stellen die Normalform dar, der jeweilige Aktionärsname muss der Gesellschaft nicht bekannt sein. Im Falle der Namensaktie sind die aktuellen Aktionärsnamen im Aktienbuch der Gesellschaft einzutragen.
Zusammensetzung des Vorstands	Der Vorstand kann aus einer oder mehreren Personen bestehen. Die Satzung kann bestimmte Voraussetzungen an den Vorstand enthalten, wie Mindest- oder Höchstaltersgrenzen, Berufserfahrung, Qualifikation etc.
Form der Bekanntmachung der AG	Die Bekanntmachung erfolgt i.d.R. im Bundesanzeiger.

Entsprechend seinem hohen Maß an Verantwortung unterliegt der Vorstand einer scharfen persönlichen Haftung gegenüber der Gesellschaft. Nach den jeweils zu berücksichtigenden Mitbestimmungsgesetzen kann dem Vorstand ein Arbeitsdirektor (bei mehr als 2.000 Arbeitnehmern) als gleichberechtigtes Mitglied angehören, sein Aufgabenbereich liegt hauptsächlich im Personal- und Sozialressort.

Der Aufsichtsrat ist das eigentliche Kontrollorgan der AG. Er bestellt den Vorstand, beruft ihn ab, überwacht seine Geschäftsführung und stellt den Jahresabschluss fest (dispositiv). Die Aufgabenerfüllung des Aufsichtsrats erfolgt in den Unternehmen häufig durch die Unterstützung von Ausschüssen, bestehend aus einem oder mehreren Aufsichtsratsmitgliedern (Personalausschüsse, Bilanzausschüsse etc.).

Die Mitglieder des Aufsichtsrats können, müssen jedoch keine Aktionäre sein, sie werden für einen Zeitraum von 4 Jahren von der Hauptversammlung berufen. Der Aufsichtsrat besteht nach aktienrechtlichen Regelungen aus mindestens drei, höchstens 21 Mitgliedern. Diese werden von der Hauptversammlung und, sofern die Mitbestimmungsgesetze zu berücksichtigen sind, den Arbeitnehmern gewählt. Für die Tätigkeit des Aufsichtsrates kann eine angemessene Vergütung vereinbart werden. Häufig erfolgt die Entlohnung in Form einer Gewinnbeteiligung (Tantieme).

Die Hauptversammlung ist das Organ, in dem die Aktionäre ihre Rechte ausüben. Zu diesen zählen:

- Bestellung der Mitglieder des Aufsichtsrats (Vertreter der Anteilseigner)
- Beschluss über die Gewinnverwendung
- Entlastung der Mitglieder des Vorstands und des Aufsichtsrats
- Bestellung der Abschlussprüfer
- Satzungsänderungen
- Maßnahmen zur Kapitalbeschaffung und -herabsetzung
- Bestellung von Prüfern zur Prüfung von Vorgängen bei der Gründung oder der Geschäftsführung
- Beschluss über die Auflösung der Gesellschaft

Zu Fragen der Geschäftsführung kann die Hauptversammlung nur entscheiden, wenn dies der Vorstand verlangt.

Eine ordentliche Hauptversammlung findet regelmäßig einmal im Jahr statt und beschließt zumindest über die Gewinnverwendung, die Entlastung und sofern dies die Satzung vorsieht, über die Feststellung des Jahresabschlusses. Außerordentliche Hauptversammlungen sind im Bedarfsfalle anzuberaumen, so z.B. „wenn das Wohl der Gesellschaft es fordert", wenn dies Aktionäre, deren Anteile zumindest 5 % des Grundkapitals ausmachen, verlangen oder wenn die Hälfte des Grundkapitals verloren wurde.

Die Beschlussfassung erfolgt i.d.R. mit einfacher Mehrheit, bei Satzungsänderungen und sonstigen Entscheidungen mit besonderer Tragweite ist eine 3/4-Mehrheit (qualifizierte Mehrheit) erforderlich, dabei handelt es sich jedoch teilweise um dispositive Rechtsnormen. Das Stimmrecht verteilt sich i.d.R. nach den Aktiennennbeträgen der Aktionäre, eine Ausnahme stellen z.B. die stimmrechtslosen Vorzugsaktien oder Mehrstimmrechtsaktien dar. Der Aktionär braucht sein Stimmrecht nicht persönlich auszuüben, er kann sich durch einen Bevollmächtigten (z.B. die Bank, die das Aktiendepot führt) vertreten lassen (Depotstimmrecht). Aktionäre mit einem Anteil größer 25 % des Grundkapitals verfügen über eine Sperrminorität.

Die Hauptversammlung beschließt in der Regel über die Verwendung des Bilanzgewinns, sie ist jedoch hierbei im „Normalfall" gebunden an den vom Vorstand erstellten und vom Aufsichtsrat festgestellten Jahresabschluss. Diese Abhängigkeit soll nachfolgend vereinfacht dargestellt werden.

Bei Erstellung des Jahresabschlusses unter „teilweiser Gewinnverwendung" (übliche Form im Falle großer Publikums-Aktiengesellschaften) muss wenigstens die Hälfte des Jahresüberschusses zur Ausschüttung vorgesehen werden, es sei denn, dass gesetzliche und satzungsmäßige Vorschriften höhere Gewinneinbehaltungen durch Bildung von Gewinnrücklagen vorsehen. Über die Verwendung des verbleibenden Restbetrags des Jahresüberschusses, dem so genannten Bilanzgewinn, entscheidet die

Hauptversammlung. Sie kann den (zunächst zu versteuernden) Bilanzgewinn zur Ausschüttung vorsehen oder z.B. einen weiteren Teil in die Gewinnrücklagen einstellen:

> Jahresüberschuss /-fehlbetrag (= Ertrag - Aufwand)
> - Verlustvortrag (sofern vorhanden)
> - Pflichtdotierungen der gesetzlichen Rücklage
>   (sofern notwendig)
> - bis zu 50 % Einstellung in die anderen Gewinnrücklagen
>   (Ermessensentscheid der feststellenden Organe)
> - Einstellungen in die anderen Rücklagen
>   (z.B. satzungsmäßige Rücklagen)
> + Gewinnvortrag (sofern vorhanden)
> = Bilanzgewinn (Bilanzverlust)

Als vorhandener Gewinn- oder Verlustvortrag werden Gewinne oder Verluste früherer Perioden geführt, über deren Verwendung bzw. Ausgleich nochmals entschieden werden soll. Der zur Ausschüttung vorgesehene Bilanzgewinn wird i.d.R. als Dividende auf die Aktiennennbeträge verteilt (zumeist ausgedrückt in % des Nominalwerts der Aktie).

Die Aktiengesellschaft bietet infolge der Fungibilität der Aktien besonders gute Eigenkapitalbeschaffungsmöglichkeiten. Zwar ist in der Bundesrepublik nur ein vergleichsweise geringer Teil der AG's zum Börsenhandel zugelassen, dennoch können, bedingt durch die prinzipielle Möglichkeit zur starken Stückelung des Grundkapitals, eine große Anzahl von Aktionären mit relativ kleinen Anteilen sehr große Eigenkapitalbeträge aufbringen. Ein weiterer Vorteil gegenüber der Situation der GmbH ist die Unkündbarkeit des Aktienkapitals. Stellt das Ausscheiden eines Gesellschafters der GmbH mit einer hohen Stammeinlage für die Gesellschaft eine enorme Liquiditätsbelastung dar, vollzieht sich der Verkauf von Aktien ohne Liquiditätsbeeinträchtigung für die AG.

Auch im Bereich zusätzlicher Fremdkapitalbeschaffung weist die AG gegenüber der GmbH die besseren Möglichkeiten auf. Gründe hierfür sind einerseits die zahlreichen gesetzlichen Vorschriften zum Gläubigerschutz und andererseits die Möglichkeit der Emission von langfristigen Fremdka-pitalpapieren (z.B. Obligationen) für börsenfähige Aktiengesellschaften.

Die Prüfungs- und Publizitätsverpflichtungen entsprechen im Wesentli-chen denen der GmbH, mit der Ausnahme, dass bei Vorliegen der Prü-fungspflicht immer ein Wirtschaftsprüfer (kein vereidigter Buchprüfer) bestellt werden muss.

5.4.3 Kommanditgesellschaft auf Aktien (KGaA)

Laut § 278 AktG ist die KGaA „**eine Gesellschaft mit eigener Rechtsper-sönlichkeit, bei der mindestens ein Gesellschafter den Gesellschafts-gläubigern unbeschränkt haftet (persönlich haftender Gesellschafter) und die übrigen an dem in Aktien zerlegten Grundkapital beteiligt sind, ohne persönlich für die Verbindlichkeiten der Gesellschaft zu haften (Kommanditaktionäre).**

Zur Gründung einer KGaA sind eine oder mehrere Personen notwendig, von denen mindestens einer persönlich haftender Gesellschafter sein muss. Das Mindestkapital zur Gründung der KGaA liegt bei 50.000 €.

Trotz des aus der Grundform der KG übernommenen grundsätzlichen Auf-baus (Vollhafter und Teilhafter) der KGaA, steht sie als juristische Person der AG näher. Grundsätzlich sind ihre Rechtsverhältnisse im AktG gere-gelt (§§ 278 – 290), lediglich die Vorschriften zur Stellung des Komple-mentärs finden sich im HGB in den Regelungen zur Kommanditgesell-schaft (§§ 161 – 177).

Ihre wesentlichen Vorteile gegenüber der AG liegen in den Regelungen zur Leitung der Gesellschaft, jene gegenüber der KG im Bereich der Fi-nanzierungsmöglichkeiten.

Die Organe der KGaA sind:

● Der (die) Komplementär(e)

- Der Aufsichtsrat
- Die Hauptversammlung

Laut Gesetz bilden die Komplementäre automatisch den Vorstand der KGaA, so dass eine Abberufung nicht möglich ist. Allerdings haften die Komplementäre auch mit ihrem Privatvermögen, wobei eine Haftungsbeschränkung nicht zulässig ist.

Die Kommanditaktionäre, deren Haftung auf die Kapitaleinlage beschränkt ist, bilden die Hauptversammlung nach den Vorschriften zur AG. Die Hauptversammlung wählt einen Aufsichtsrat, der die Aktionäre gegenüber dem Komplementär vertritt. Selbst in der Situation, dass der Komplementär als Aktionär Mitglied der Hauptversammlung ist, hat er bei bestimmten Entscheidungen, wie der Wahl des Aufsichtsrats, kein Stimmrecht. Die wesentliche Aufgabe des Aufsichtsrats liegt in der Überwachung des Komplementärs, er kann ihn jedoch weder bestellen noch abberufen, denn der Komplementär wird durch Satzung, nicht durch Wahl bestimmt. Ihm kann daher die Geschäftsführungs- und Vertretungsmacht nur nach den Regelungen zur OHG/KG entzogen werden (z.B. durch gerichtliche Entscheidung). Grundsätzlich sind auch im Falle der KGaA bei Vorliegen der entsprechenden Kriterienausprägung die Mitbestimmungsgesetze anzuwenden. Dies hat jedoch keinen Einfluss auf die Bestellung der leitenden Organe, so muss selbst in der mitbestimmten KGaA kein Arbeitsdirektor bestellt werden.

Für die Einbringung des Grundkapitals und die Emission junger Aktien gelten die Regelungen zur AG. Eine weitere Finanzierungsquelle liegt in der Einlagenerhöhung der Komplementäre. Die prinzipiellen Möglichkeiten zur Fremdfinanzierung entsprechen denen der AG, zusätzlich kann sich die persönliche Haftung der Komplementäre positiv auf die Kreditwürdigkeit auswirken.

Zusammenfassend liegen folglich die Vorteile der KGaA in einer breiten Kapitalbasis bei starker persönlicher Bindung der vollhaftenden Leitung.

Die Gewinn-/Verlustbeteiligung erfolgt nach den für die KG geltenden

Vorschriften, bei börsennotierten Gesellschaften ist die Gewinnverteilung jedoch i.d.R. in der Satzung näher konkretisiert.

Die Prüfungs- und Publizitätspflichten entsprechen denen der AG.

Die Bedeutung der KGaA ist in Deutschland allerdings sehr gering. Die absolute Anzahl liegt schätzungsweise bei rund 30 Unternehmen, wobei die Sektkellerei Kupferberg KGaA in Mainz wohl das bekannteste hiervon ist.

5.5 Steuerliche Behandlung von Personen- und Kapitalgesellschaften

Nahezu unabhängig von der vorhandenen oder nicht vorhandenen Einsicht der Unternehmer, dass sich das in der Entscheidungsphase der Rechtsformenwahl gültige Steuersystem hinsichtlich Steuerarten, Bemessungsgrundlagen und Tarifen ändern kann, haben steuerliche Gesichtspunkte immer schon eine wesentliche Bedeutung auf der Suche nach einer optimalen Rechtsform gehabt. In erster Linie sind hierbei die laufenden Steuern der Personen- und Kapitalgesellschaften relevant, weshalb nachfolgend die wichtigsten Einflüsse dieser Steuerarten auf die Rechtsformentscheidung betrachtet werden.

Das Einkommen der natürlichen Personen unterliegt der Einkommensteuer. Da das Einzelunternehmen oder die Personengesellschaft kein selbstständiges Steuersubjekt im Sinne des Einkommensteuerrechts darstellt, wird der Gewinn(-anteil) als Einkommen des Inhabers bzw. Gesellschafters gemäß seines individuellen Einkommensteuersatzes versteuert. Unabhängig der konkreten Höhe der Gewinnentnahmen gilt der Gesamtgewinn als entnommen.

Die Körperschaftsteuer kann als „Einkommensteuer der juristischen Personen" dargestellt werden. Kapitalgesellschaften gelten als selbstständige Steuersubjekte und müssen Gewinne, ob ausgeschüttet oder nicht, einheitlich mit einem Steuersatz von 25 % versteuern.

Die Kapitalertragssteuer, als besondere Form der Einkommenssteuer, beträgt einheitlich 25 % und muss für Kapitaleinkünfte entrichtet werden.

Hierdurch ergibt sich für Anteilseigner (Aktionäre, Genossen) ein Doppelbesteuerungsproblem, wenn Gewinne der Kapitalgesellschaft ausgeschüttet werden. Auf der einen Seite muss die Gesellschaft Körperschaftssteuer bezahlen, andererseits muss der Anteilseigner Kapitalertragssteuer / Einkommenssteuer bezahlen. Der erwirtschaftete Gewinn wird somit zweimal besteuert.

Zur Reduktion dieses Nachteils wurde das Halbeinkünfteverfahren entwickelt. Dieses Verfahren besagt, dass beim Empfänger nur die Hälfte der ausgeschütteten Gewinne der Einkommenssteuer unterliegt. Im nachfolgenden Beispiel ist das Prinzip dieses Verfahrens dargestellt, wobei aus Vereinfachungsgründen auf die Berücksichtigung der Kapitalertragssteuer verzichtet wurde.

Beispiel 5.6: Das Halbeinkünfteverfahren

Der erwirtschaftete Gewinn einer Kapitalgesellschaft beträgt 120.000 €. Nach Abzug der Körperschaftssteuer von 25 % verbleiben noch 90.000 € für die Ausschüttung an die Anteilseigner.

Die Anteilseigner müssen jetzt aber nicht die 90.000 €, sondern nur 45.000 € bei ihrer Einkommenssteuer berücksichtigen.

Je nach Steuersatz können jetzt die Nettoeinkommen der Anteilseigner berechnet werden. Liegt der individuelle Steuersatz bei 30 % müssen 13.500 € an Einkommenssteuer bezahlt werden. Ohne das Halbeinkünfteverfahren läge die Steuerschuld doppelt so hoch.

Die Höhe der Steuerbelastung für den erzielten Gewinn setzt sich somit aus der Körperschaftssteuer sowie der Einkommenssteuer, die der Anteilseigner bezahlen muss zusammen. Da der Körperschaftssteuersatz festliegt, variiert nur der Anteil den die Anteilseigner bezahlen müssen. Trotz dieses

Verfahrens bleibt die teilweise Doppelbesteuerung der erwirtschafteten Gewinne der Kapitalgesellschaften bestehen.

Während realisierte Verluste aus Einzelunternehmungen und Personengesellschaften zur Verrechnung mit anderen Einkunftsarten der Gesellschafter verwandt werden können (Verlustausgleich), ist dies i.d.R. bei den Anteilseignern von Kapitalgesellschaften nicht möglich. Zwar sind die in der Kapitalgesellschaft realisierten Verluste auf künftige Jahre vortragbar (Verlustvortrag), sie verbleiben jedoch in der Gesellschaft.

Personen- und Kapitalgesellschaften sind selbstständige Steuersubjekte i.S. der Gewerbesteuer (ausgenommen sind Freiberufler, da kein Gewerbebetrieb vorliegt). Die Bestimmung der zu entrichtenden Gewerbesteuer basiert auf zwei Steuerbemessungsfaktoren, dem Gewerbeertrag und dem Gewerbekapital.

Bei der Ermittlung des Gewerbeertrags wird ausgegangen vom entstandenen Gewinn des Gewerbebetriebs unter Berücksichtigung bestimmter Hinzurechnungen und Kürzungen. Sondervergütungen an die Gesellschafter (z.B. Zinsen für ein gewährtes Darlehen) wirken bei Kapitalgesellschaften, nicht jedoch bei Personengesellschaften gewinnreduzierend. Zum Teil wird dieser Nachteil der Personengesellschaften durch die Einräumung eines Freibetrags (in Höhe von derzeit 24.500 €) aufgefangen. Die Gewerbekapitalsteuer wurde 1998 abgeschafft.

Eine grundsätzliche Aussage, welche der vorgestellten Rechtsformen die derzeit steueroptimale ist, ist nicht möglich. Hierzu sind in der Entscheidungssituation die konkreten Unternehmensdaten und persönliche Angaben der Gesellschafter (z.B. Höhe des Einkommensteuersatzes) zu berücksichtigen. Methoden zur Identifizierung der steueroptimalen Rechtsform im Einzelfall sind die Teilsteuerrechnung (Rose, 1973) und die Kasuistische Veranlagungsimulation (Jacobs, 1988).

Der Hauptunterschied zwischen Einzelunternehmen und Personengesellschaften auf der einen und den Kapitalgesellschaften auf der anderen Seite ist sicher darin zu sehen, dass einmal die Gewinne direkt bei den Inhabern

bzw. Gesellschaftern versteuert werden müssen, wohingegen bei Kapitalgesellschaften die Körperschaftssteuer von den Unternehmen bezahlt wird.
Zu berücksichtigen ist hierbei aber auch die teilweise Doppelbesteuerung
der ausgeschütteten Gewinne.

5.6 Sonder- und Mischformen

5.6.1 Genossenschaft

Die deutsche Genossenschaftsbewegung des 19. Jahrhunderts verfolgte die
Zielsetzung, die wirtschaftliche Unterlegenheit einzelner Personen im
Wettbewerb mit anderen, hauptsächlich wirtschaftlich Stärkeren, durch
Zusammenschluss auszugleichen, ohne deren ökonomische Eigenständig-
keit zu beseitigen.

Die Genossenschaft stellt aufgrund ihrer Eigenschaft als Selbsthilfeorgani-
sation für gewinnorientierte Kaufleute i.d.R keine geeignete Alternative
dar. Gleichwohl besitzen Genossenschaften auch heute noch in einigen
Wirtschaftsbereichen (z.B. im Kreditgewerbe oder in der Landwirtschaft)
eine wesentliche Bedeutung.

**Die Genossenschaft ist weder eine Personen- noch eine Kapitalgesell-
schaft, sondern ein wirtschaftlicher Verein mit nicht geschlossener
Mitgliederzahl. Sie hat den Zweck, den Erwerb oder die Wirtschaft
ihrer Mitglieder zu fördern, ohne dass die Genossen persönlich für die
Verbindlichkeiten der Genossenschaft haften (§ 1 GenG.).**

Jede natürliche oder juristische Person kann Mitglied einer Genossenschaft
werden. Hierzu muss eine schriftliche Beitrittserklärung unterzeichnet
werden und der neue Genosse muss in die Liste der Genossen, die beim
Registergericht geführt wird, aufgenommen werden. Erst durch diesen Eintrag erwirbt er die Mitgliedsrechte (§ 15 GenG).

Die Genossenschaft ist eine juristische Person. Sie haftet den Gläubigern
gegenüber lediglich mit dem Genossenschaftsvermögen (Ausnahme: Ver-

einbarung einer beschränkten oder unbeschränkten Nachschusspflicht der Genossen an die Konkursmasse). Zur Gründung sind mindestens 7 Personen und ein schriftliches Statut als Gesellschaftsvertrag notwendig. Die Gesellschaft entsteht mit Eintrag in das Genossenschaftsregister. Im Unterschied zur AG hat die Genossenschaft kein festes Grundkapital, ihr Kapital setzt sich aus den Einlagen (Geschäftsguthaben) der Mitglieder zusammen und schwankt demzufolge mit der Anzahl der Genossen. Die Höhe und die Art der Einlage jedes Mitglieds muss im Statut genannt sein, eine gesetzliche Mindesthöhe existiert nicht. Die Firma der Genossenschaft muss eine Sachfirma sein, der Name von Genossen oder anderer Personen darf nicht in die Firma aufgenommen werden, die Bezeichnung „eingetragene Genossenschaft" oder „eG" muss enthalten sein.

Die Genossenschaften sind, vergleichbar mit Kapitalgesellschaften, ein selbstständiges Steuersubjekt. Grundsätzlich unterliegen sie zwar der Körperschaft-, Gewerbe- und Vermögensteuer, können jedoch eine Reihe von Befreiungen und Vergünstigungen in Anspruch nehmen.

Auflösungsgründe sind: Beschluss des hierfür zuständigen Organs, Zeitablauf, Sinken der Genossenanzahl unter 7, gesetzeswidrige Handlung oder Unterlassung durch die Genossenschaft, Verfolgung anderer als der im Gesetz zugelassenen Zwecke, Konkurs der Genossenschaft.

Ähnlich der AG hat auch die Genossenschaft drei notwendige Organe:

- Der Vorstand
- Der Aufsichtsrat
- Die Generalversammlung

Von der AG oder der GmbH unterscheidet sich die Genossenschaft u.a. dadurch, dass ihre Mitglieder (Genossen) intensiver persönlich an ihr beteiligt sind.

Der Vorstand leitet die Genossenschaft, er betreibt die Geschäftsführung und vertritt sie nach außen. Er besteht aus mindestens zwei Mitgliedern und wird durch die Generalversammlung bestellt (dispositiv). Alle Vorstandsmitglieder besitzen grundsächlich Gesamtbefugnis für die Geschäftsführung und Vertretung. Dadurch, dass die Vertretungsmacht unbeschränkt und auch unbeschränkbar ist, kann jederzeit eine gegenseitige Kontrolle erfolgen.

Der Aufsichtsrat, bestehend aus 3 mindestens Mitgliedern (dispositiv), wird ebenfalls durch die Generalversammlung bestellt, sein Aufgabenbereich entspricht dem Aufsichtsrat der AG. Vorstands- und Aufsichtsratsmitglieder müssen Genossen sein. Aufsichtsratsmitglieder dürfen nicht gleichzeitig Mitglieder des Vorstands sein.

Eine wesentlich stärkere Rolle als die Hauptversammlung der AG nimmt die Generalversammlung ein. Sie bestellt und entlastet die anderen Organe, entscheidet über den Jahresabschluss und den auf die Genossen entfallenden Gewinn oder Verlust. Zur Änderung des Statuts bedarf es einer 3/4-Mehrheit. Die Stimmverteilung erfolgt nach Köpfen und nicht nach der Höhe der Kapitalbeteiligung. Für den Fall, dass die Genossenschaft aus mehr als 3.000 Genossen besteht, ist die Generalversammlung durch eine Vertreterversammlung zu ersetzen. Sofern die Genossenschaft aus mehr als 1.500 Mitgliedern besteht, kann dies das Statut vorsehen. Genossen können, Vertreter müssen natürliche Personen sein. Die Vertreterversammlung besteht aus mindestens 50 Mitgliedern, die von den Genossen gewählt werden.

Die Mitbestimmungsgesetze gelten auch für die Genossenschaft, so ist z.B. bei mehr als 500 Arbeitnehmern der Aufsichtsrat „drittelparitätisch" zu besetzen.

Das Geschäftsguthaben der Genossen (ergibt sich als Summe bisheriger Einzahlungen auf den Geschäftsanteil zzgl. bisheriger Gewinngutschriften/Verlustanteile) dient als Maßstab für die Gewinnverteilung. Dem Geschäftsguthaben werden zunächst solange Gewinnanteile gutgeschrieben, bis der Geschäftsanteil erreicht ist. Von einer Gewinnverteilung auf die Genossen kann jedoch auch zugunsten einer Rücklagenbildung abgesehen werden, sofern dies das Statut vorsieht. Bei Ausscheiden eines Genossen wird das u.U. verzinste Geschäftsguthaben ausgezahlt.

Die Außenfinanzierungsmöglichkeiten der Genossenschaften sind, verglichen mit denen der AG, sicherlich als schlechter einzustufen. Zwar kann ein Genosse bei Ausscheiden seinen Geschäftsanteil übertragen, die Regel ist jedoch die Auszahlung seines Guthabens und damit verbunden eine Reduzierung des Eigenkapitals der Gesellschaft und damit einhergehend auch ihrer Kreditwürdigkeit.

Eingetragene Genossenschaften unterliegen mindestens alle 2 Jahre einer Prüfungspflicht. Sofern ihre Bilanzsumme 1 Mio. € überschreitet, sind sie jedes Jahr zu prüfen. Prüfungsinstitution ist ein Prüfungsverband, dem die Genossenschaft angehören muss. Der Jahresabschluss ist in das Genossenschaftsregister einzureichen. Die größenabhängigen Erleichterungen der Kapitalgesellschaften gelten entsprechend.

5.6.2 GmbH & Co. KG

Im Unterschied zu den bislang vorgestellten Rechtsformen ist die GmbH & Co. KG eine durch die Praxis entwickelte, kombinierte Rechtsform. **Die GmbH & Co. KG ist eine Kommanditgesellschaft, bei der eine GmbH als Komplementär fungiert.** Juristisch handelt es sich um eine Personengesellschaft, bei der die Haftung des persönlich haftenden Komplementärs auf das Gesellschaftsvermögen der GmbH beschränkt ist.

Die Bedeutung dieser Rechtsform ist in Deutschland eher gering, auch wenn mit der ALDI GmbH & Co. KG oder der Gillette Deutschland GmbH & Co. KG auch bekannte Unternehmen diese Rechtsform gewählt haben. Aufgrund der hohen Gründungskosten findet man GmbH & Co. KGs in erster Linie bei größeren Unternehmen.

Im Falle der GmbH & Co. KG im engeren Sinne sind die Gesellschafter der GmbH zugleich die Kommanditisten der KG, möglich ist hierbei auch die Einmann-GmbH & Co. KG (siehe Abbildung 5.3).

Finden sich im Kreis der Kommanditisten auch Personen, die nicht Gesellschafter der GmbH sind, so wird dies üblicherweise als GmbH & Co. KG

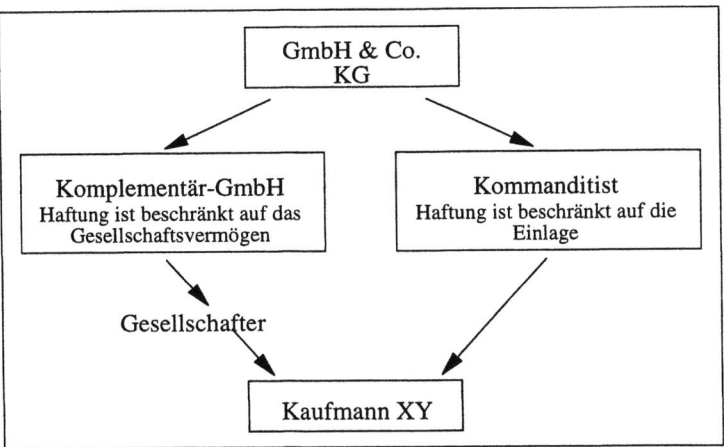

Abbildung 5.3: Die Einmann-GmbH & Co. KG

im weiteren Sinne bezeichnet.

Bestehende GmbH & Co. KG's entstanden entweder durch Umwandlung zuvor existenter GmbH's oder KG's oder wurden von vornherein als Mischform durch zeitgleichen Abschluss zweier Verträge geschaffen. Zur Gründung und Rechtsgestaltung sind die Normen zur GmbH und der KG zu beachten. Fehlt der Firma der GmbH & Co. KG der Hinweis auf die begrenzte Haftung, so kommt eine Durchgriffshaftung in Betracht.

Die Haftungsbegrenzung des Komplementärs auf das Vermögen der Gesellschaft (GmbH) stellt einen wesentlichen Vorteil gegenüber der KG dar, der Vorteil gegenüber der GmbH liegt dagegen in der Kategorisierung der GmbH & Co. KG als Personengesellschaft. Vor dem Zeitpunkt der Einführung des Halbeinkünfteverfahrens bzw. dessen Vorläufer des Anrechnungsverfahrens, lagen die Motive zur Wahl dieser Rechtsform in erster Linie in der möglichen Umgehung der Doppelbesteuerung ausgeschütteter Gewinne von Kapitalgesellschaften. Zwar können steuerliche Vorteile auch heute noch angeführt werden (so liegt ein möglicher steuerlicher Vorzug der Gesellschaftsform gegenüber der GmbH in der Höhe zu zahlender Steuern für einbehaltene Gewinne (vgl. Beispiel 5.7), doch dominieren bei der Entscheidung für die GmbH & Co. KG derzeit wohl gesellschaftsrechtliche Motive, so u.a.:

- Die GmbH & Co. KG ist gegenüber der GmbH flexibler hinsichtlich der Erhöhung des Eigenkapitals durch die einfachere Veränderung des Kommanditkapitals. Zudem existiert im Falle des Kommanditkapitals keine Ausfallhaftung der übrigen Gesellschafter, nicht erbringbare Stammeinlagen der GmbH sind von den übrigen Gesellschaftern anteilig zu erbringen.
- Im Vergleich zur GmbH unterliegt die GmbH & Co. KG einer abgeschwächten Mitbestimmung gemäß § 4 MitbestG.

Beispiel 5.7: Gewinnbesteuerung im Falle der GmbH & Co. KG

Die Einmann-GmbH & Co. KG erwartet für das laufende Geschäftsjahr einen Gewinn in Höhe von 100.000 €. Aufgrund der schlechten Liquiditätslage soll der gesamte Gewinn thesauriert werden. Würde die Einbehaltung in der GmbH erfolgen, so wäre eine Körperschaftsteuer von 25.000 € zu entrichten. Erfolgt die (in Grenzen mögliche) Gewinnzurechnung zur KG (genauer: zum Kommanditisten), so ist der ggf. niedrigere Einkommensteuersatz des Kaufmanns anzusetzen.

Grundsätzlich ist der Effekt abhängig von der Anzahl vorhandener Kommanditisten und deren individuellen Einkommensteuersätzen. Sind diese höher als 25 % kann sich ein Nachteil ergeben.

Bezüglich der Prüfung und Offenlegung des Jahresabschlusses ergab sich im Jahr 2000 durch das Kapitalgesellschaften und Co. Richtlinien Gesetz (KapCoRiLiG) eine Änderung. Nach diesem Gesetz werden die strengen Vorschriften zur Prüfung und Offenlegung des Jahresabschlusses auch auf Personengesellschaften übertragen. Dies bedeutet für mittelgroße GmbH & Co. KG´s, dass sie ihren Jahresabschluss von einem vereidigten Buchprüfer oder einem Wirtschaftsprüfer prüfen lassen müssen. Bei großen Gesellschaften darf nur ein Wirtschaftsprüfer die Prüfung vornehmen.

Die GmbH & Co. KG stellt unter den Mischtypen jene mit dem häufigstem Vorkommen dar, grundsätzlich können Kombinationen auch mittels AG und KG (AG & Co. KG) oder aus GmbH und OHG (GmbH & Co. OHG)

bzw. aus AG und OHG (AG & Co. OHG) vorgenommen werden. Grundsätzlich ist es auch möglich, dass ein Gesellschafter einer Kapitalgesellschaft mit „seiner" Kapitalgesellschaft eine (atypische) stille Gesellschaft eingeht, um Steuern zu sparen.

5.6.3 Doppelgesellschaften

Eine Doppelgesellschaft ist keine eigenständige Rechtsform, sie besteht vielmehr aus zwei rechtlich selbstständigen Gesellschaften, welche i.d.R. die gleichen Anteilseigner aufweisen. Eine Doppelgesellschaft kann durch eine Betriebsaufspaltung entstehen. **Die Betriebsaufspaltung ist die Aufteilung eines bislang einheitlichen Unternehmens in zwei rechtlich selbstständige Gesellschaften.**

Als Betriebsaufspaltung häufig anzutreffen ist die Aufteilung in eine Besitz- und eine Betriebsgesellschaft, wobei z.B. erstere als Personen-, letztere als Kapitalgesellschaft geführt werden kann. Die Besitzgesellschaft verpachtet Anlagegegenstände (Grundstücke, Gebäude, Maschinen) an die Betriebsgesellschaft, welche die eigentlichen Funktionen der Beschaffung, Produktion und des Absatzes durchführt und damit das gesamte Risiko trägt. Die von ihr an die Besitzgesellschaft zu zahlenden Pachten wirken als Betriebsausgaben gewinnmindernd. Über die Festsetzung der Höhe der Pachtzinsen kann der Gewinn in den jeweils günstigeren Bereich der Doppelgesellschaft transferiert werden. Außerdem wird das Risiko in den Bereich geltender Haftungsbeschränkung verlagert. Ein weiterer Vorteil kann darin gesehen werden, dass bei Aufnahme weiterer Gesellschafter der Betriebskapitalgesellschaft eine u.U. unerwünschte Einflussnahme auf das vorhandene Anlagevermögen vermieden wird.

Eine Betriebsaufspaltung kann auch in der Form der Trennung von Produktion und Vertrieb erfolgen. Die Produktionspersonengesellschaft verkauft anschließend ihre Erzeugnisse an die Vertriebskapitalgesellschaft. Die hiermit verbundenen Vorteile sind einerseits steuerlicher Art (Gewinnverlagerung über die Festlegung der Verrechnungspreise), andererseits liegt das Vertriebsrisiko in der haftungsbegrenzten Sphäre.

Den im Rahmen der Betriebsaufspaltung festzulegenden Transferpreisen (Pachtzinsen, Verrechnungspreise, u.U. auch Gehälter etc.) wird die steuerliche Anerkennung solange nicht verweigert, solange sie angemessen sind.

Auch bei einer Betriebsaufspaltung muss der Sachverhalt berücksichtigt werden, dass die Führung zweier Gesellschaften i.d.R. einen höheren Verwaltungsaufwand mit sich bringt.

5.7 Bestimmung der optimalen Rechtsform

Nachdem nun die wesentlichen Unternehmungsformen in ihren Grundzügen vorgestellt wurden, sollte erkannt worden sein, dass eine für jede Situation optimale Variante nicht existiert, würde es sie geben, wäre sie zugleich die Einzige.

Die Bestimmung einer in der jeweiligen Entscheidungssituation geeigneten Rechtsform kann beispielsweise durch Verwendung einer einfachen Nutzwertanalyse erfolgen. Das Verfahren eignet sich häufig für Entscheidungssituationen, in welchen qualitative Kriterien zu berücksichtigen sind und keine Alternative existiert, die allen anderen hinsichtlich aller Kriterienausprägungen überlegen ist.

Auf der Suche nach einer geeigneten Rechtsform wäre der folgende Ablauf denkbar:

- Bestimmung aller zulässigen Alternativen (Rechtsformen);
- Fixierung der im Urteil des Entscheiders relevanten Kriterien;
- Beurteilung der Alternativen aufgrund des Kriterienkatalogs, Zuordnung von Beurteilungskennzahlen auf Ordinalskalenniveau (z.B. 10 = sehr gut ... 1 = sehr schlecht);
- Zuordnung von subjektiven Gewichtungsziffern zu den relevanten Kriterien (z.B. 5 = sehr wichtig ... 1 = unwichtig);
- Ermittlung des Nutzwerts der einzelnen Rechtsformen über Multiplikation der Gewichtungsziffern mit den Beurteilungskennzahlen bei anschließender Addition aller Produkte;

● Bestimmung der Rechtsform mit höchstem Nutzwert.

Die wichtigsten Vor- und Nachteile ausgewählter Rechtsformen sind in Tabelle 5.8 zusammenfassend dargestellt. Das Beispiel 5.8 soll zur Verdeutlichung der Analysetechnik dienen.

Tabelle 5.8: Vor- und Nachteile ausgewählter Rechtsformen im Überblick

	Einzelunternehmung	OHG KG	GmbH	AG
Gründungserfordernisse	Handelsgewerbe gemäß § 1 HGB; eine Person; formlos; U.U. HR-Eintrag	Handelsgewerbe (Vollkfm.); formlos; HR-Eintrag OHG: Min. 2 Gesellschafter KG: Je min. ein Komplementär/ Kommanditist	Min. ein Gesellschafter; notarieller Gesellschaftsvertrag; Min.-Stammkapital beträgt 25.000 € HR-Eintrag	Min. ein Aktionär; umfangreiche Gründungsvorschriften; notarielle Satzung; Min.-Grundkapital beträgt 50.000 €
Gründungskosten	Relativ gering	Relativ gering	Höher als bei OHG/KG	Höher als bei GmbH
Haftung	Unbeschränkt	Gesellschafter der OHG und Komplementäre haften gesamtschuldnerisch und unbeschränkt, Kommanditisten mit ihrer Einlage	Beschränkte Haftung; u.U. Nachschusspflicht	Beschränkte Haftung; keine Nachschusspflicht
Steuerliche Belastung 1.: Einkommenst., bzw. Körperschaftsteuer	Besteuerung nach dem indiv. Eink.- Steuersatz; keine Berücksichtigung der tatsächlichen Gewinnverwendung; Verlustausgleich möglich	Siehe Einzelunternehmen	Gewinne werden generell mit 25 % Körperschaftsteuer besteuert, kein Verlustausgleich möglich	Siehe GmbH

	Einzelunter-nehmung	OHG KG	GmbH	AG
Leitung	Inhaber	Die laufende Leitung liegt bei den Gesellschaftern bzw. den Komplementären; Kommanditisten haben ein Widerspruchsrecht bei außergewöhnlichen Geschäften	Laufende Leitung obliegt dem Geschäftsführer, der kein Anteilseigner sein muss; die Gesellschafterversammlung kann dem Geschäftsführer in Angelegenheiten der Geschäftsführung Weisungen erteilen; u.U. existiert ein Aufsichtsrat	Vorstand hat ähnliche Aufgaben wie der Geschäftsführer der GmbH, ist jedoch nicht weisungsgebunden; der Aufsichtsrat kontrolliert den Vorstand; die Hauptversammlung hat keine direkten Mitwirkungsmöglichkeiten auf die laufende Geschäftsführ.
Finanzierung	Begrenzt durch das Gesamtvermögen des Inhabers; Möglichkeit zur Aufnahme eines stillen Gesellschafters	Wie Einzelunternehmen, zusätzlich die Möglichkeit der Aufnahme weiterer Gesellschafter; wegen der Existenz des Kommanditkapitals hat die KG bessere Möglichkeiten, Eigenkapital zu beschaffen, als die OHG; eingeschränkte Fungibilität	Beschränkte Kreditwürdigkeit; eingeschränkte Fungibilität der Eigenkapitalanteile	Optimale Möglichkeiten zur Beschaffung weiteren Eigenkapitals durch hohe Fungibilität. Höhere Kreditwürdigkeit als die GmbH und mehr Möglichkeiten zur Beschaffung von weiterem langfristigem Fremdkapital

	Einzelunter-nehmung	OHG KG	GmbH	AG
Prüfungs-/ Publizitäts-pflicht	U.U. aufgrund des PublG	Siehe Einzel-unternehmung	Grundsätzliche Publizitätsver-pflichtung; prü-fungspflichtig sind alle nicht kleinen GmbH's	Siehe GmbH
Steuerliche Belastung 2.: Gewerbeertrag-Steuer	Keine Berück-sichtigung von Sondervergü-tungen; Freibe-trag	Siehe Einzel-unternehmen	Sondervergü-tungen wirken gewinnredu-zierend; kein Freibetrag	Siehe GmbH

Beispiel 5.8: Bestimmung der optimalen Rechtsform

Als für ihn zulässige Alternativen erkennt ein Kaufmann die Einzelunternehmung und die GmbH. Wichtige Kriterien sind für ihn die Gründungskosten (G), die Haftung (H), das Image (I), die Steuerbelastung (S) und die Offenlegungspflichten (O).

Tabelle 5.9: Bestimmung der optimalen Rechtsform

Kriterien:	G	H	I	S	O
Gewichte (5 = wichtig ... 1 = unwichtig):	3	4	3	4	2
Beurteilung der Einzelunternehmung:	7	2	4	6	3
Beurteilung der GmbH:	2	9	8	4	7

Die GmbH erbringt mit 96 den höheren Nutzwert als die Einzelunternehmung (71). Sind seine subjektiven Empfindungen korrekt quantifiziert, gründet er eine GmbH.

Übungsaufgaben zum 5. Kapitel

Aufgabe 5.1:

Was verstehen Sie im Zusammenhang mit den Unternehmungsformen unter dispositiven Rechtsnormen? Erläutern Sie dies zunächst grundsätzlich und nennen Sie anschließend zwei Beispiele.

Aufgabe 5.2:

Die Leitung eines Unternehmens bezieht sich auf zwei Bereiche. Welche?

Aufgabe 5.3:

a) Wozu dient die Offenlegung des Jahresabschlusses?

b) Welche Unternehmen sind zur Offenlegung verpflichtet und wo sind diese Verpflichtungen geregelt?

c) In welcher Form erfolgt die Offenlegung?

Aufgabe 5.4:

Erläutern Sie anhand von jeweils zwei Beispielen den Unterschied zwischen dem Betrieb eines Handelsgewerbes und einer freiberuflichen Tätigkeit.

Aufgabe 5.5:

Arbeiten Sie anhand geeigneter Kriterien die wesentlichen Unterschiede zwischen den Rechtsformen der GbR und der OHG heraus.

Aufgabe 5.6:

Die zwei Gesellschafter A und B einer OHG realisierten im abgelaufenen Geschäftsjahr einen Gewinn von 73.000 €, der nach dem gesetzlich vorgesehenen Modus zu verteilen ist. A hielt am 01.01. eine Einlage von 350.000 €, entnahm am 01.07. 4.200 € und am 01.11. 5.400 €. B hielt am 01.01. eine Einlage von 260.000 €, entnahm am 01.04. 3.500 €, am 01.07. 3.700 € und legte am 01.11. 15.000 € ein.

Bestimmen Sie die Gewinnanteile für A und B.

Aufgabe 5.7:
Wodurch unterscheiden sich die Rechte eines Kommanditisten von jenen
des stillen Gesellschafters?

Aufgabe 5.8:
Nennen Sie die drei Phasen der Gründung einer GmbH. Welche Aktivität
führt jeweils zum Übergang in die nächste Phase?

Aufgabe 5.9:
Nennen Sie die Organe der GmbH und skizzieren Sie jeweils deren wesentliche Aufgaben.

Aufgabe 5.10:
Erklären Sie den Unterschied zwischen einem partiarischen und einem kapitalersetzenden Darlehen.

Aufgabe 5.11:

a) Nennen Sie die wesentlichen Inhalte der Satzung einer Aktiengesellschaft.

b) Wer bestellt den Aufsichtsrat einer AG?

c) Bei welchen Entscheidungen der Hauptversammlung bedarf es einer qualifizierten Mehrheit?

d) Beurteilen Sie die Außenfinanzierungsmöglichkeiten der AG im Unterschied zu jenen der GmbH.

Aufgabe 5.12:

Für welche Rechtsformen treffen die nachstehenden Aussagen zu?

a) „Bei begrenzter Haftung aller Gesellschafter auf die Kapitaleinlage können die steuerlichen Vorteile der Personengesellschaften genutzt werden."

b) „Trotz breiter Kapitalbasis aufgrund des Zugangs zum Kapitalmarkt bleibt das persönliche Moment der Geschäftsführung gewahrt."

c) „Im Vordergrund der Gesellschaft steht nicht die Gewinnerzielung, sondern eine Förderung des Erwerbs der Gesellschaft."

Aufgabe 5.13:
Welche Rechtsform ist die optimale unter dem Gesichtspunkt der Steuerbelastung?

Aufgabe 5.14:
Wann bedarf es einer Vertreterversammlung in der Genossenschaft?

Aufgabe 5.15:
Was verstehen Sie unter einer Betriebsaufspaltung?

6. Unternehmensverbindungen

Grundsätzlich ist jeder Unternehmer in einer marktwirtschaftlichen Ordnung, die auf dem Wettbewerbsprinzip basiert, auf sich allein gestellt. Es steht ihm - innerhalb der gesetzlich zulässigen Möglichkeiten - jedoch frei, Verbindungen mit anderen Unternehmungen einzugehen. **Eine Unternehmensverbindung ist eine vollständige oder teilweise Vereinigung bislang selbstständiger Unternehmen, ohne dass deren Selbstständigkeit nach der Vereinigung weiterhin existent sein muss.**

Je nach Zielsetzung der beteiligten Unternehmen beziehen sich diese Verbindungen nur auf Teilbereiche der unternehmerischen Tätigkeit, zum Beispiel die gemeinsame Beschaffung oder die Nutzung eines gemeinsamen Rechenzentrums oder auf das gesamte Unternehmen bis hin zur Fusion.

6.1 Differenzierungskriterien

Die Unternehmensverbindungen werden in der Literatur in erster Linie nach dem Kriterium der Integrationsrichtung (horizontale, vertikale, diagonale Unternehmensverbindungen) und dem Kriterium der Bindungsintensität (Formen der Kooperation und Konzentration) unterschieden. Weitere, hier jedoch nicht behandelte Differenzierungskriterien sind die rechtliche Zulässigkeit oder die Verbindungsdauer.

Die Integrationsrichtung berücksichtigt die Position (Stufe) der beteiligten Unternehmen in ihrer jeweiligen Produktionskette. Eine horizontale Verbindung liegt vor, wenn die Beteiligten auf gleicher Produktionsstufe operieren.

Beispiel 6.1: Horizontale Verbindung

Zwei Telekommunikationsunternehmen vereinbaren die gemeinsame Errichtung einer Vertriebsorganisation in den USA, wodurch sich beide Synergieeffekte und damit günstigere Kosten versprechen.

Im Falle einer Vertikalverbindung folgen die beteiligten Unternehmen in der Produktionskette aufeinander.

Beispiel 6.2: Vertikale Verbindung

Ein PKW-Produzent erwirbt Anteile an seinem Teilelieferanten.

Die Rückwärtsintegration bezeichnet dabei die Verbindung aus der Sicht der vorgelagerten Stufe (im Beispiel 6.2 aus der Sicht des PKW-Produzenten). Eine Vorwärtsintegration ist die Verbindung ausgehend vom Standpunkt der nachgelagerten Stufe (im Beispiel 6.2 Standpunkt des Teilelieferanten).

Diagonale (anorganische) Unternehmensverbindungen sind als Restkategorie alle anderen, nicht horizontalen oder vertikalen Formen, bei welchen die beteiligten Partner „branchenfremden" Wirtschaftszweigen entstammen.

Beispiel 6.3: Diagonale Verbindung

Die Stahlbau-AG erwirbt eine Mehrheitsbeteiligung an einem Werkschutzunternehmen.

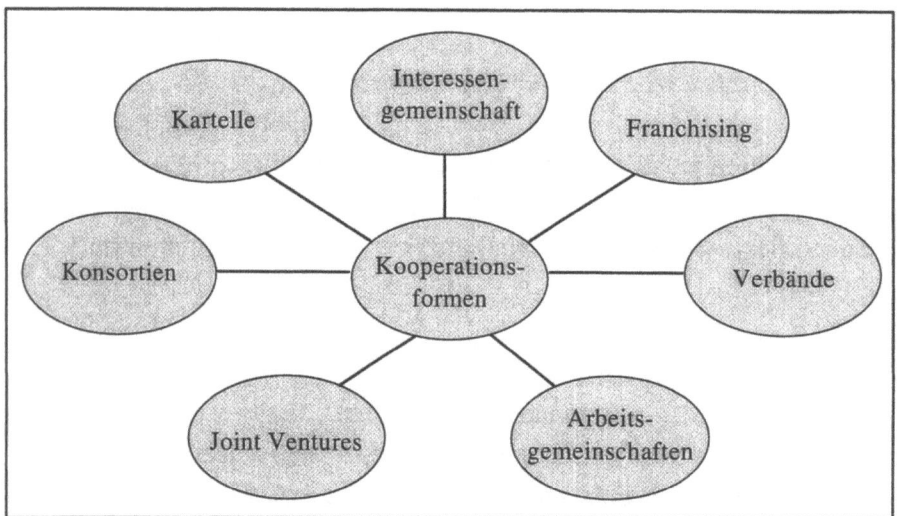

Abbildung 6.1: Ausgewählte Kooperationsformen

Eine Differenzierung nach der Bindungsintensität nimmt Bezug auf die mit der Verbindung einhergehende Einschränkung der wirtschaftlichen und rechtlichen Selbstständigkeit der beteiligten Unternehmen. **Im Falle einer Kooperation richtet sich die Zusammenarbeit häufig auf die Optimierung betrieblicher Teilfunktionen (z.B. gemeinsame Beschaffung oder Produktion), die beteiligten Unternehmen bleiben hierbei wirtschaftlich und rechtlich selbstständig.** Die Intensität der Kooperation reicht vom Informations- oder Erfahrungsaustausch bis hin zur gemeinsamen Gründung eines weiteren Unternehmens (vgl. Abb. 6.1).

Die Konzentrationsformen beinhalten gegenüber der Kooperation eine deutlich höhere Bindungsintensität. **Eine Konzentration liegt vor, wenn zumindest eines der beteiligten Unternehmen seine wirtschaftliche und u.U. auch seine rechtliche Selbstständigkeit verliert.** Die wirtschaftliche Selbstständigkeit bezieht sich auf die Entscheidungsautonomie des Unternehmens. Führt die Verbindung zur Aufgabe der juristischen Selbstständigkeit, so erfolgt eine Reduzierung der Anzahl der beteiligten Rechtssubjekte, zwei ehemals eigenständige rechtliche Einheiten verschmelzen zu einer.

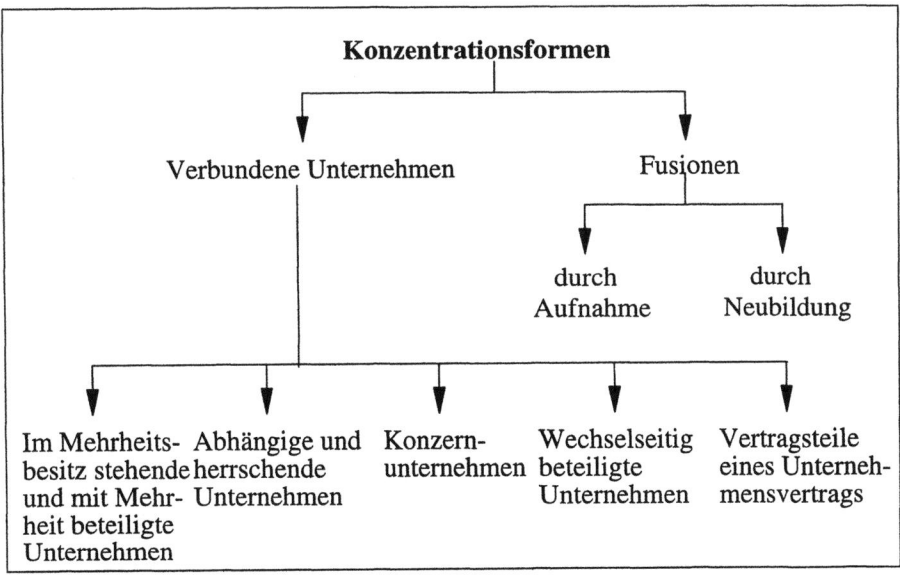

Abbildung 6.2: Ausgewählte Konzentrationsformen

Einzelne Formen der Kooperation und Konzentration (vgl. Abb. 6.2) werden im weiteren Verlauf vorgestellt.

6.2 Kooperationsformen

6.2.1 Interessengemeinschaften

Der Begriff der Interessengemeinschaft wird in der betriebswirtschaftlichen Literatur und der betrieblichen Praxis sehr unterschiedlich verwandt. **Im weitesten Sinne ist unter einer Interessengemeinschaft jede vertraglich geregelte Verbindung selbstständig bleibender Unternehmen zu verstehen.** Eine relativ straffe Form einer Interessengemeinschaft stellt die Gewinngemeinschaft dar. Die Gesamtgewinne und -verluste (deren Ermittlungsform zuvor festgelegt werden sollte) der beteiligten Unternehmen oder die Gewinne aus bestimmten Unternehmensbereichen fließen in einen Gewinnpool ein und werden nach einem zuvor fixierten Schlüssel auf die Kooperationspartner verteilt. Weitere Formen verfolgen beispielsweise das Ziel der Kostenreduktion (Einkaufsgemeinschaften, Verwertungsgemeinschaften) oder das Ziel liegt in der Nutzung von Synergieeffekten (gemeinsame Forschungs- und Entwicklungsaktivitäten).

Beispiel 6.4: Interessengemeinschaft zur Nutzung von Synergieeffekten
Ein renommierter PKW-Produzent mit eher konservativem Produktionsprogramm plant die gemeinsame Entwicklung und Vermarktung von Kleinwagen mit einem innovativen Uhren-Produzenten.

6.2.2 Verbände

Unternehmerverbände stellen institutionalisierte Kooperationsformen dar, die der Beratung der Mitglieder und der Vertretung ihrer gemeinsamen Interessen dienen. Die Wirtschaftsverbände in der Bundesrepublik können nach ihren unterschiedlichen Aufgaben wie folgt differenziert werden:

- Wirtschaftsfachverbände

  Fachverbände vertreten ihre Mitglieder in wirtschafts- und steuerpolitischen Angelegenheiten und beraten und informieren sie zu ökonomischen Fragestellungen. Sie sind nach Wirtschaftszweigen und Regionen gegliedert und jeweils zu Spitzenorganisationen zusammengefasst (Bundesverband der Deutschen Industrie, Hauptgemeinschaft des Deutschen Einzelhandels etc.).

- Arbeitgeberverbände

  Im Unterschied zu den Wirtschaftsfachverbänden vertreten, beraten und informieren die Arbeitgeberverbände in sozialpolitischen Fragen, bei gleichfalls fachlicher und regionaler Gliederung. Der Spitzenverband in der Bundesrepublik ist die Bundesvereinigung der Deutschen Arbeitgeberverbände.

- Kammern

  Während den Industrie- und Handelskammern in erster Linie die Aufgabe zukommt, die Förderung der gewerblichen Wirtschaft eines Kammerbezirks zu bewirken und durch Vorschläge und Gutachten die Behörden zu unterstützen, werden ähnliche Aufgaben für den Bereich des Handwerks von den Handwerkskammern übernommen. Spitzenverbände der Kammern sind der Deutsche Industrie- und Handelstag, der Deutsche Handwerkskammertag und der Zentralverband des Deutschen Handwerks.

6.2.3 Arbeitsgemeinschaften und Konsortien

In Abgrenzung zu den bislang vorgestellten Kooperationsformen stellen Arbeitsgemeinschaften und Konsortien Gelegenheitsgesellschaften zur gemeinsamen Realisierung bestimmter (Groß-)Projekte dar. Gelegenheitsgesellschaften werden i.d.R. in der Rechtsform der GbR geführt, handelt es sich um eine vorübergehende Zusammenarbeit von Banken, so wird diese üblicherweise als Konsortium bezeichnet, arbeiten Industrieunternehmen zur Durchführung eines gemeinsamen Projekts zusammen, so findet hierfür i.d.R. der Begriff der Arbeitsgemeinschaft (ARGE) Anwendung.

Beispiel 6.5: Konsortium

> Die Emission der „P-Aktie" wird von einem Emissionskonsortium, bestehend aus der Bank A, der Bank B und der Sparkasse S übernommen.

Beispiel 6.6: Arbeitsgemeinschaft

> Zur Modernisierung des alten Schlosses bilden mehrere voneinander unabhängige Bauunternehmer eine ARGE.

6.2.4 Kartelle

Nach § 1 des Gesetzes gegen Wettbewerbsbeschränkungen („Kartellgesetz") sind **„Vereinbarungen zwischen miteinander im Wettbewerb stehenden Unternehmen, Beschlüsse von Unternehmensvereinigungen und aufeinander abgestimmte Verhaltensweisen, die eine Verhinderung, Einschränkung oder Verfälschung des Wettbewerbs bezwecken oder bewirken, verboten"**.

Kartelle werden in der betriebswirtschaftlichen Literatur als Form der Unternehmenskooperation geführt, obgleich die wirtschaftliche Selbstständigkeit der betroffenen Unternehmen hinsichtlich des Gegenstands der Absprache eingeschränkt wird, die rechtliche Selbstständigkeit der Beteiligten bleibt erhalten.

Grundsätzlich sind Kartelle, die Preisabsprachen zum Gegenstand haben (Preiskartelle), die die Höhe der Produktion oder des Absatzes regeln (Quotenkartelle) und Gebietskartelle (Aufteilung eines bestimmten Absatzgebietes), verboten, d.h. entsprechende Vereinbarungen sind nichtig. Unternehmen, welche hiergegen verstoßen, werden mit Geldbußen belegt. Ausnahmen vom Verbotsprinzip stellen einerseits die sogenannten Ausnahmebereiche dar (z.B. Landwirtschaft, Urheberrechtsverwertung, Sportvermarktung). Zum anderen sind bestimmte Kartelle nach §§ 2 ff. GWB nicht vom generellen Verbot betroffen, in der Abbildung 6.3 werden hierzu ausgewählte Formen vorgestellt.

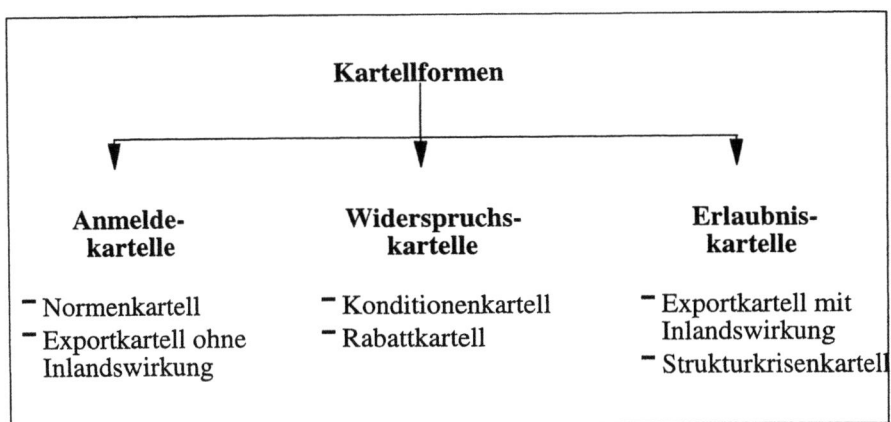

Abbildung 6.3: Auswahl nicht grundsätzlich verbotener Kartellformen

Anmeldepflichtige Kartelle werden bei ordnungsgemäßer Anmeldung wirksam. Widerspruchskartelle gelten als erlaubt, wenn die Kartellbehörde nach Anmeldung nicht innerhalb einer bestimmten Frist (in der Regel 3 Monate) widerspricht. Erlaubniskartelle werden mit kartellbehördlicher Genehmigung wirksam.

Beispiel 6.7: Normenkartell

Mehrere Unternehmen der gleichen Branche vereinbaren für ihre Produkte die Vereinheitlichung verwandter Einzelteile, wie Schrauben, Kupferdraht o.ä.

Beispiel 6.8: Exportkartell ohne Inlandswirkung

Die Unternehmen vereinbaren den Ansatz eines Mindestpreises sowie die Verwendung einheitlicher Rabatte in ihrer Angebotsunterbreitung gegenüber Auslandskunden.

Beispiel 6.9: Rabattkartell

Mehrere Möbelproduzenten einigen sich auf ein einheitliches System von Mengen- und Funktionsrabatten.

Beispiel 6.10: Strukturkrisenkartell

Einen spürbaren und nachhaltigen Absatzrückgang nehmen mehrere Konkurrenten als Anlass für Absatzquotenvereinbarungen und Gebietsabsprachen.

In bestimmten Fällen kann der Bundeswirtschaftsminister einen Zusammenschluss genehmigen, obwohl die Kartellbehörde diese Verbindung nicht genehmigt hat. Dies ist dann der Fall, wenn aus der Sicht der Regierung ein überragendes Interesse der Allgemeinheit gesehen wird (Ministerkartell).

6.2.5 Joint Ventures

Im Rahmen eines Joint Ventures oder Gemeinschaftsunternehmens schlägt sich die Zusammenarbeit der beteiligten rechtlich und wirtschaftlich unabhängigen Unternehmen in der Gründung und Leitung eines weiteren Unternehmens nieder.

Ähnlich der Interessengemeinschaft und im Unterschied zur Gelegenheitsgesellschaft handelt es sich bei einem Joint Venture um eine längerfristige Kooperationsform. Der Unterschied zur Interessengemeinschaft liegt in der Institutionalisierung der Zusammenarbeit durch die gemeinsame Führung eines rechtlich selbstständigen Unternehmens. Häufige Verwendung findet diese Kooperationsform bei der Erschließung von ausländischen Märkten, bei welchen als Schutzmaßnahme vor Überfremdung der Wirtschaft gesetzliche Bestimmungen lokal ansässige Partner mit einer Mindestbeteiligung und/oder Mitwirkung in der Leitung vorsehen.

Ein Joint Venture kann auch in der Form realisiert werden, dass mehrere Unternehmen produktverwandte Unternehmensbereiche ausgliedern und in das Gemeinschaftsunternehmen einbringen.

Beispiel 6.11: Joint Venture

Zwei Pharma-Unternehmen sind bislang als Konkurrenten im In- und Ausland mit Herz-Kreislauf-Medikamenten auf den Märkten präsent. Während eine der Gesellschaften in Europa den höheren Marktanteil aufweist, nimmt der Konkurrent in den USA eine beachtliche Marktstellung ein. Da beide Unternehmen große Synergieeffekte durch gemeinsame Forschung und Marktbearbeitung sehen, entschließen sie sich zur

Ausgliederung der Bereiche „Herz-Kreislauf" und Integration in ein Gemeinschaftsunternehmen unter gemeinsamer Leitung.

Häufig sind die Kooperationspartner mit gleichen Anteilen am Gemeinschaftsunternehmen beteiligt. Sollten die Anteile ungleich verteilt sein, vereinbaren die Unternehmen i.d.R. dennoch eine gleichberechtigte Leitung.

6.2.6 Franchising

Beim Franchising schließen zwei rechtlich selbstständige Partner einen vertikalen Kooperationsvertrag zum Vertrieb von Waren oder Dienstleistungen durch den Franchisenehmer im Rahmen eines hierfür vom Franchisegeber zur Verfügung gestellten Marketingkonzepts.

Der Vorteil des Systems liegt aus der Sicht des Franchisegebers in der raschen Marktausdehnung bei Kapitalrisiko-Reduzierung. Der Franchisenehmer profitiert vom Image, der Geschäftsidee und dem Know-how des Franchisegebers u. a. bei Personalangelegenheiten. Obwohl der Franchisegeber i.d.R. keine Kapitalanteile am Unternehmen des Franchisenehmers hält, repräsentiert diese Form der Unternehmensverbindung bereits den Übergang zu den anschließend vorgestellten Konzentrationsformen, denn die wirtschaftliche Selbstständigkeit des Franchisenehmers ist durch seine vertraglichen Verpflichtungen (Mindestabnahmemengen, einheitliche Preisgestaltung, kein gleichzeitiger Vertrieb von Konkurrenzprodukten etc.) stark eingeschränkt.

6.3 Konzentrationsformen

Die Formen der Konzentration unterliegen den wettbewerbsrechtlichen Vorschriften des GWB und sind in erheblichem Maße eingeschränkt (insbesondere durch Anzeige- und Anmeldepflichten sowie der Untersagung bestimmter Zusammenschlüsse).

6.3.1 Verbundene Unternehmen

Das gemeinsame Kennzeichen aller in diesem Abschnitt folgender Konzentrationsformen ist die Aufrechterhaltung der rechtlichen Selbstständigkeit der beteiligten Unternehmen. Die wirtschaftliche Selbstständigkeit von zumindest einem der Beteiligten wird in unterschiedlich starkem Maße durch Kapitalbeteiligung oder vertraglich eingeschränkt, bzw. aufgehoben.

Die aktienrechtlichen Vorschriften sind immer dann relevant, wenn mindestens eines der betroffenen Unternehmen als AG oder KGaA firmiert. Als verbundene Unternehmen können beispielsweise folgende Formen auftreten:

- In Mehrheitsbesitz stehende Unternehmen und mit Mehrheit beteiligte Unternehmen - Die Unternehmensverbindung führt dazu, dass einem Unternehmen die Mehrheit der Anteile und/oder die Mehrheit der Stimmrechte an einem anderen Unternehmen zusteht.

- Abhängige und herrschende Unternehmen - Als abhängige Unternehmen sind solche zu verstehen, auf die ein herrschendes Unternehmen unmittelbar oder mittelbar einen beherrschenden Einfluss ausüben kann. Der beherrschende Einfluss kann durch den Erwerb einer Mehrheitsbeteiligung (s.o.) oder z.B. auch durch eine Personengleichheit in der Leitung der Gesellschaften entstanden sein.

- Konzernunternehmen
  Konzerne sind durch folgende Eigenschaften gekennzeichnet (§ 18 AktG):
  - Den Zusammenschluss mehrerer rechtlich selbstständiger Unternehmen
  - Eine einheitliche wirtschaftliche Führung

Bei den Konzernen kann man zwischen:
- horizontalen und vertikalen
- Unterordnungs- und Gleichordnungs-
- organischen und anorganischen

Konzernen unterscheiden. Bei einem horizontalen Konzern befinden sich die beteiligten Unternehmen auf der gleichen Branchenebene (z. B. Reisegesellschaft A und Reisegesellschaft B). Von einem vertikalen Konzern spricht man dagegen, wenn sich die Konzernunternehmen auf aufeinander folgenden Produktionsstufen befinden. Organische Konzerne arbeiten in einer Branche, anorganische Konzerne in unterschiedlichen Branchen (Lebensmittelherstellung, Sportarenen und Beratung).

Für verbundene Unternehmen gelten zahlreiche Sondervorschriften des AktG hinsichtlich der Sicherung der Gesellschaft und der Gläubiger oder der Rechnungslegung, auf die jedoch an dieser Stelle nicht eingegangen wird.

6.3.2 Fusion

Bei der Fusion (Verschmelzung) handelt es sich um die Unternehmensverbindung mit höchster Bindungsintensität. Neben der wirtschaftlichen Selbstständigkeit verliert hierbei mindestens eines der beteiligten Unternehmen auch seine rechtliche Selbstständigkeit.

Im Falle der Fusion durch Aufnahme geht ein Unternehmen vollständig in einem anderen Unternehmen auf, bei der Fusion durch Neubildung werden alle beteiligten Unternehmen vollständig in eine neu zu gründende Gesellschaft integriert.

Übungsaufgaben zum 6. Kapitel

Aufgabe 6.1:

Klären Sie jeweils, um welche Kooperations- oder Konzentrationsform es sich in den nachfolgenden Fällen handelt:

a) Drei Holzwerke planen für einen Unternehmensbereich gemeinsame Marketingaktionen. Der durch die anschließende Geschäftsabwicklung entstandene Gewinn wird addiert und im Verhältnis 1/2, 1/4, 1/4 verteilt.

b) Der schwedische Elektrokonzern S AG plant mit seinem britischen Konkurrenten, der B AG die Zusammenlegung beider Unternehmen in der neu zu gründenden SB AG.

c) Zwei Versicherungsunternehmen vereinbaren ein Großrisiko (Versicherung des geplanten Staudamms) gemeinsam in Deckung zu nehmen.

d) 7 Hersteller von Schreibmaschinen verzeichnen in den letzten Jahren einen nachhaltigen Absatzrückgang und vereinbaren Absatzquoten.

e) Ein Existenzgründer plant die Errichtung eines Fast-Food-Restaurants. Hierzu tritt er mit einer Fast-Food-Kette in Verhandlung zwecks Übernahme von deren Vermarktungskonzept.

Aufgabe 6.2:
Nennen Sie jeweils ein Beispiel für:
a) eine horizontale Kooperation

b) eine vertikale Kooperation

c) eine horizontale Konzentration

d) eine vertikale Konzentration

Aufgabe 6.3:
Nennen Sie die fünf Formen verbundener Unternehmen

Aufgabe 6.4:
Welche Wirtschaftsbereiche und welche Art vertraglicher Absprachen sind gemäß GWB nicht vom grundsätzlichen Kartellverbot betroffen? Nennen Sie einige Beispiele.

Aufgabe 6.5:
Erläutern Sie die beiden Formen der Fusion.

7. Produktionsfaktoren

Zur Produktion sind eine Vielzahl von Input- bzw. Produktionsfaktoren notwendig, die sich nach unterschiedlichen Kriterien klassifizieren lassen. Im weiteren Verlauf wird der Gliederung von Erich Gutenberg gefolgt (vgl. Abbildung 7.1), wobei die Zusatzfaktoren in seiner Systematik noch nicht explizit berücksichtigt wurden.

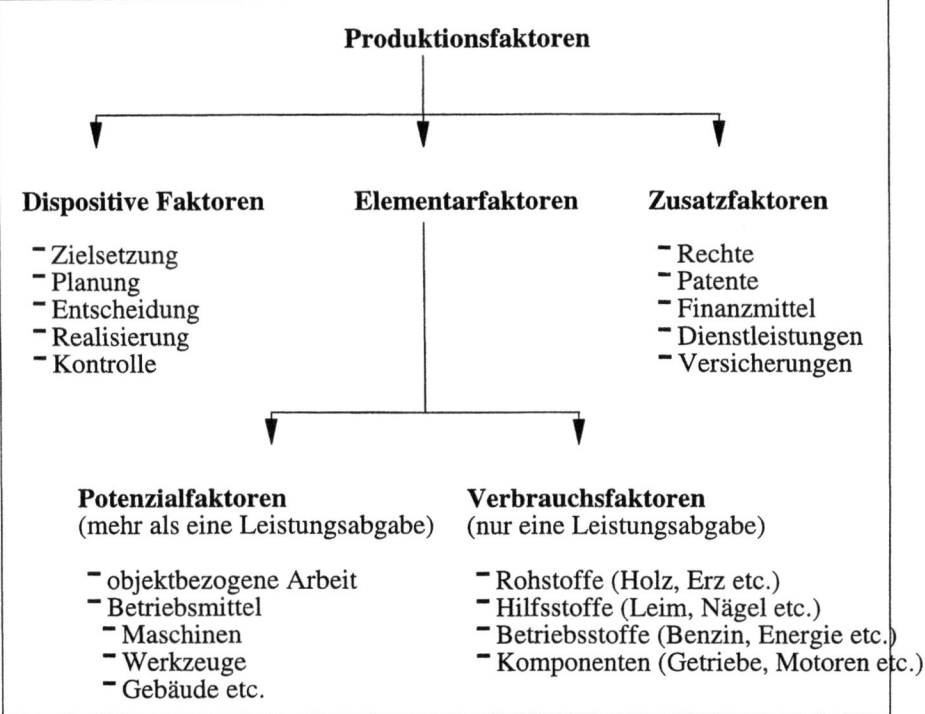

Abbildung 7.1: Produktionsfaktoren

Gutenberg unterteilte die Produktionsfaktoren zunächst in die Elementarfaktoren und den dispositiven Faktor. Damit sollte deutlich gemacht werden, dass zum einen Inputfaktoren notwendig sind, die unmittelbar mit der Leistungserstellung im Zusammenhang stehen, andererseits aber auch ein Management benötigt wird, das das gesamte Unternehmen führt.

Die Elementarfaktoren lassen sich in die Potenzial- und die Verbrauchsfaktoren unterteilen. Potenzialfaktoren sind in der Lage, mehr als eine Leistungseinheit abzugeben, das bedeutet, auch nach der Leistungsabgabe sind sie in der Regel noch einsatzfähig. Zu den Potenzialfaktoren zählen einerseits die objektbezogene Arbeit (unmittelbarer Bezug zur Leistungserstellung), anderseits die Betriebsmittel, die sich in Maschinen, Werkzeuge, Gebäude etc. untergliedern lassen.

Dem gegenüber stehen die Verbrauchsfaktoren, die nach einer einmaligen Leistungsabgabe nicht mehr in ihrer ursprünglichen Gestalt zur Verfügung stehen. Hierunter fallen Roh-, Hilfs- und Betriebsstoffe sowie Komponenten, die von Dritten bezogen werden.

7.1 Potenzialfaktoren

7.1.1 Objektbezogene Arbeit

Die objektbezogene Arbeit kann nochmals in die in Abbildung 7.2 aufgezeigten Art und Weise separiert werden. Neben den unmittelbar am Produkt durchzuführenden Tätigkeiten, fallen sowohl Aufgaben im Zusammenhang mit der Bedienung der Maschinen als auch Überwachungsaufgaben an, die für eine reibungslose Produktion sorgen sollen.

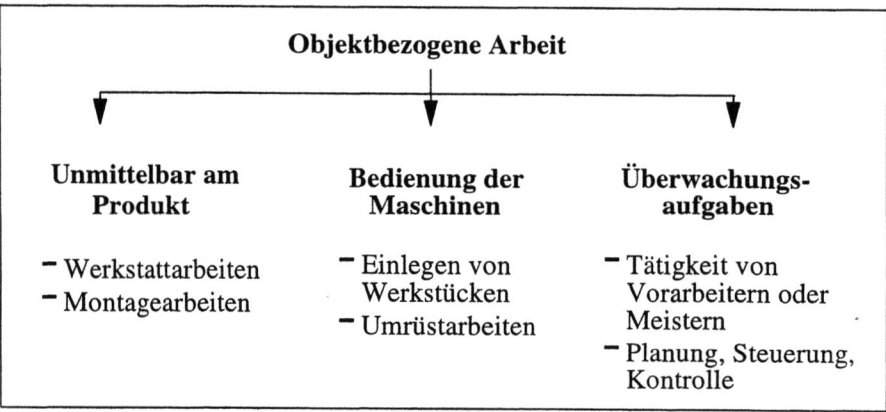

Abbildung 7.2: Objektbezogene Arbeit

Bei der Bestimmung der Einflussfaktoren auf die Arbeitsleistung muss man verschiedene Bereiche unterscheiden (vgl. Abbildung 7.3). Neben den personenbezogenen Faktoren sind dies das Entgelt sowie die Rahmenbedingungen, unter denen die Arbeitsleistung zu erbringen ist.

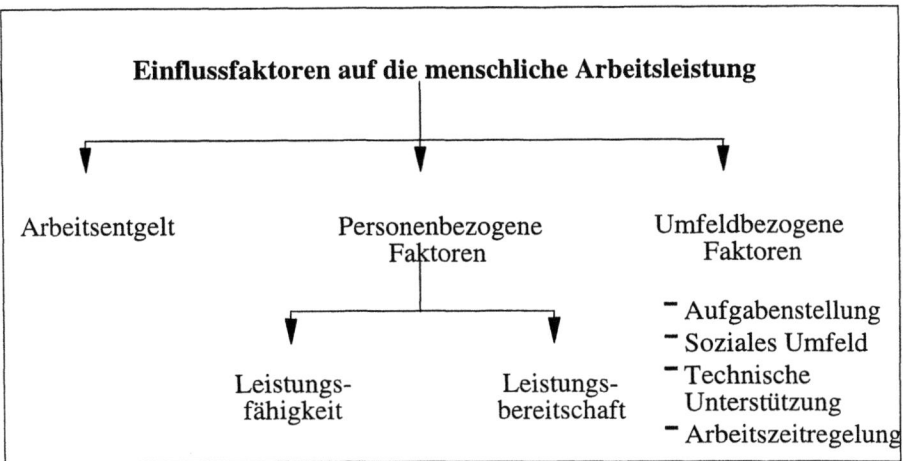

Abbildung 7.3: Einflussfaktoren auf die menschliche Arbeitsleistung

7.1.1.1 Personenbezogene Einflussfaktoren

Die personenbezogenen Faktoren setzen sich aus der Leistungsfähigkeit und der Leistungsbereitschaft zusammen, die - wie beispielhaft in Tabelle 7.1 aufgezeigt - wiederum von einer Vielzahl von Einzelfaktoren bestimmt werden.

Tabelle 7.1: Personenbezogene Faktoren

Leistungsfähigkeit	Leistungsbereitschaft
- körperliche Konstitution	- Perspektiven
- Begabung	- Zufriedenheit
- Alter	- Arbeitsbedingungen
- Ausbildung	- Entgelt
- Erfahrung	- Zielübereinstimmung

Tabelle 7.1 verdeutlicht, wie vielfältig die Beschreibung sowie die Prognose der Leistungsfähigkeit von Mitarbeitern und Führungskräften ist. Es kommt darauf an, zunächst die Leistungsfähigkeit der Bewerber richtig

einzuschätzen und dann, die individuell durchaus unterschiedlichen Einflüsse auf die Leistungsbereitschaft zu identifizieren und entsprechende Maßnahmen zu ergreifen.

7.1.1.2 Entgelt

Das Arbeitsentgelt spielt in Bezug auf die Leistungsbereitschaft eine wesentliche, wenn auch in den meisten Fällen keine dominierende Rolle, so dass dieser Faktor nachfolgend noch etwas genauer analysiert wird.

Im Zusammenhang mit der Entlohnung wird immer wieder die Frage nach dem „gerechten" Lohnsystem gestellt. Da die Interpretation des Begriffs „gerecht" aber sehr subjektiv ist, erscheint eine Lösung dieses Problems nur in wenigen Fällen möglich. Bevor allerdings der Lohn festgesetzt werden kann, muss zunächst eine Bewertung der Aufgabenstellung bzw. des Arbeitsplatzes vorgenommen werden. Typische Kriterien, die hierzu herangezogen werden, sind zum Beispiel:

- Notwendige Kenntnisse
- geistige Belastung
- körperliche Belastung
- notwendige Geschicklichkeit
- Umweltbedingungen
- Verantwortung
    - für die eigene Arbeit
    - für die Arbeit anderer
    - für die Sicherheit anderer

Insbesondere der Punkt Verantwortung führt zu einer höheren Entlohnung, wenn zum Beispiel die Führung von Mitarbeitern verlangt wird.

Bei der Entwicklung eines Lohnsystems muss sowohl die horizontale als auch die vertikale Struktur berücksichtigt werden. Ähnliche Anforderungen sollten unabhängig von der Fachabteilung gleich entlohnt werden, bzw. die unterschiedlichen hierarchischen Stufen sollten sich auch im

Lohnsystem wieder finden. Die Lohnform braucht hierbei nicht identisch sein, da je nach Aufgabenumfeld durch bestimmte Lohnarten die Leistung der Mitarbeiter besser honoriert werden kann. Die verschiedenen Lohnformen sind in Abbildung 7.4 dargestellt.

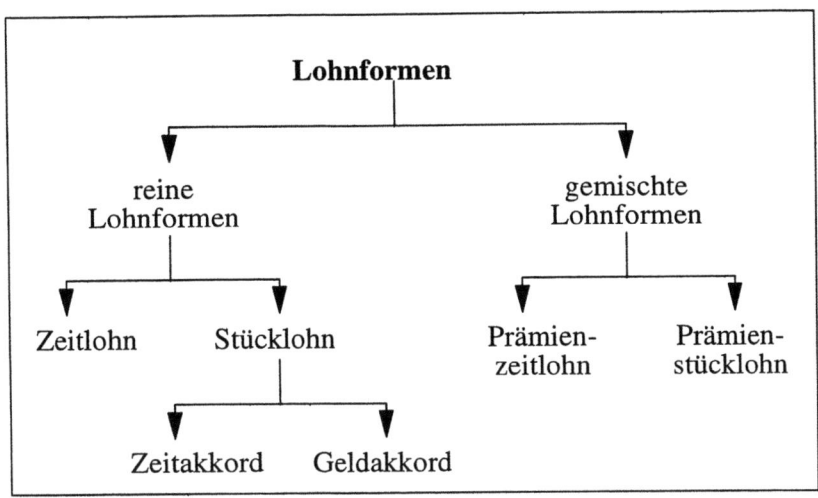

Abbildung 7.4: Lohnformen

- Zeitlohn

Von einem Zeitlohn spricht man, wenn die Arbeitszeit als Grundlage für die Entlohnung herangezogen wird. Hierbei besteht kein unmittelbarer Bezug zur erbrachten Leistung. Diese Form der Entlohnung wird in der Regel dann gewählt, wenn es sich um qualitativ hochwertige Arbeiten handelt, kein Mengengerüst zur Verfügung steht, wie dies beispielsweise bei kreativen oder planerischen Aufgaben der Fall ist, oder die Arbeitsinhalte sehr vielfältig sind. Die Vor- und Nachteile des Zeitlohns sind in Tabelle 7.2 aufgeführt.

Tabelle 7.2: Vor- und Nachteile des Zeitlohns

Vorteile	Nachteile
- einfache Abrechnung	- keine Motivation zur Mehrarbeit
- leichte Anpassung des Lohnsystems	- individuelle Leistungsunterschiede werden nicht erfasst
- Schonung der Arbeitskräfte und der Maschinen	- Unternehmen trägt das volle Risiko bei geringer Arbeitsleistung

Für das Unternehmen ergeben sich durch diese Lohnart zwei unterschiedliche Kostenaspekte. Auf der einen Seite ist der Stundenlohn zwar von der Arbeitsleistung unabhängig, andererseits fallen die Stückkosten mit zunehmender Arbeitsleistung.

Beispiel 7.1: Zeitlohn und Stückkosten

> Ein Unternehmen bezahlt seinen Mitarbeitern einen Stundenlohn in Höhe von 20 €. Die Arbeitsleistung der fünf Arbeitnehmer beläuft sich auf 2, 4, 5, 8 bzw. 10 Einheiten pro Stunde. Obwohl für alle Mitarbeiter der gleiche Stundenlohn bezahlt werden muss, ergeben sich bei der Stückkostenbetrachtung erhebliche Unterschiede, wie in Tabelle 7.3 deutlich wird.

Tabelle 7.3: Zeitlohn und Stückkosten

Stückzahl pro Stunde	Stundenlohn	Stückkosten
2	20,00	10,00
4	20,00	5,00
5	20,00	4,00
8	20,00	2,50
10	20,00	2,00

● Akkordlohn

Wird nicht die Arbeitszeit, sondern die in dieser Zeit erbrachte Leistung als Grundlage für die Lohnberechnung verwendet, spricht man von einem Akkordlohn. Die Basis zur Berechnung des Akkordlohns bildet ein Grundlohn, der sich in der Regel aus dem tariflichen Mindestlohn und einer Akkordzulage zusammensetzt. Die Akkordzulage wird gewährt, da man davon ausgeht, dass diese Art der Entlohnung zu einer erhöhten Leistungsbereitschaft führt. Der Grundlohn wird so bemessen, dass er die Mitarbeiterentlohnung bei einer „Normalleistung" darstellt. Die Berechnung des Stundenlohns kann auf zwei Wegen erfolgen, je nachdem, ob es sich um einen Zeit- oder um einen Geldakkord handelt.

Beim Zeitakkord berechnet sich der Stundenlohn wie folgt:

Verdienst/Stunde = Stück/Stunde * Minute/Stück * Euro/Minute

Euro/Minute gibt die Entlohnung pro Minute an, die sich ergibt, indem der Grundlohn durch 60 dividiert wird. Vorgegeben wird auch, wie viele Minuten pro Stück normalerweise benötigt werden. Multipliziert man diese beiden Werte, ergibt sich die Bezahlung pro Mengeneinheit. In Verbindung mit der Leistung pro Stunde (Stück/Stunde) kann man dann den Stundenlohn berechnen.

Verzichtet man auf die Aufspaltung der Entlohnung pro Stück, liegt ein Geldakkord vor. In diesen Fällen ergibt sich der Stundenlohn anhand der verkürzten Formel:

Verdienst/Stunde = Stück/Stunde * Euro/Stück

Aufgrund der höheren Transparenz auf beiden Seiten hat der Zeitakkord den Geldakkord in den letzten Jahren deutlich an Bedeutung überholt.

Eine Voraussetzung dafür, dass überhaupt ein Akkordlohn bezahlt werden kann, ist die direkte Einflussnahme der Arbeitnehmer auf den Arbeitsfortgang. Die Vor- und Nachteile dieser Art der Entlohnung sind in Tabelle 7.4 zusammengefasst.

Tabelle 7.4: Vor- und Nachteile des Akkordlohns

Vorteile	Nachteile
- starker Leistungsanreiz	- Überbelastung der Arbeitskräfte und der Betriebsmittel
- Risikoverteilung	- mögliche Qualitätsprobleme
- bessere Kapazitätsauslastung	- aufwendige Lohnabrechnungen

● Prämienlohn

Der Prämienlohn ist eine Kombination aus den beiden zuerst genannten Lohnformen. Neben dem Grundlohn wird plan- und regelmäßig eine Prämie bezahlt, deren Höhe von der Leistung des Mitarbeiters abhängig ist. Beim Prämienzeitlohn sollen durch die Prämien Anreize geschaffen werden, die der normale Zeitlohn nicht bietet. Der Prämienstücklohn wird zum Beispiel eingesetzt, wenn trotz Akkordlohn ein hohes Maß an Qualität erforderlich ist. Anreize ergeben sich in diesen Fällen unter anderem, wenn Prämien auf die Unterschreitung festgelegter Ausschussquoten, Materialeinsparungen oder auf den geringen Verschleiß von Maschinen und Werkzeugen gezahlt werden.

Neben diesen Lohnarten sind im Zusammenhang mit dem Entgelt auch die freiwilligen Leistungen der Unternehmen zu nennen. In einigen Unternehmen ist es auch heute noch üblich, dass Betriebsrenten, Unterstützungen beim Immobilienerwerb oder freiwillige Erfolgsbeteiligungen gezahlt werden.

7.1.1.3 Umfeldbezogene Faktoren

Bei den Rahmenbedingungen ist insbesondere zu berücksichtigen, dass zwar das Entgelt immer noch ein wichtigstes Kriterium für die Arbeitsplatzwahl ist, dass aber die Einbindung in die Entscheidungsprozesse und das Aufzeigen zukunftsorientierter Perspektiven für viele Arbeitnehmer ein nahezu gleichwertiges Entscheidungskriterium darstellt. Insbesondere in Unternehmen, die eine sehr starke Arbeitsteilung und einen hohen Grad der Technologisierung aufweisen, verlieren Mitarbeiter häufig das eigentliche Ziel ihrer Tätigkeit aus den Augen, was zu Lasten der Motivation und damit der Leistungsbereitschaft geht.

Ebenfalls unter die Rahmenbedingungen fällt das soziale Klima, in dem die Arbeitskräfte arbeiten. Entstehen starke negative Gruppeneinflüsse oder wird ein Mitarbeiter Opfer des Mobbing, kann von ihm kaum ein engagiertes und leistungsorientiertes Verhalten erwartet werden. In diesen Fällen sind die Vorgesetzten gefordert, diese Probleme zu lösen, da dies der betroffene Mitarbeiter in der Regel nicht alleine kann.

Ein weiterer wichtiger Einflussfaktor auf die Leistungsfähigkeit ist die körpergrößen- und körperfunktionsgerechte Gestaltung der Arbeitsplätze. Hierunter fallen zum Beispiel Aspekte aus dem Bereich der Ergonomie sowie der physikalischen Arbeitsumgebung (Klima-, Lärm-, Licht-, Staub- und Schwingungsverhältnisse).

Einflüsse auf das Arbeitsergebnis gehen auch von der Arbeitszeitregelung aus, wobei hierunter sowohl die tägliche Gesamtarbeitszeit als auch die Pausenregelung fallen. Anhand umfangreicher Studien kann beispielsweise nachgewiesen werden, dass viele kleine Pausen für die Leistungsfähigkeit besser als wenige große Pausen sind. Allerdings müssen bei der Pausenregelung auch betriebsbedingte Belange berücksichtigt werden, da vielfach aufgrund der eingesetzten Technik bestimmte Zeiten für Pausen vorgegeben werden. Weiterhin ist die Pausenregelung von der Beschaffenheit der Arbeit abhängig, so dass sich für Mitarbeiter, die hauptsächlich geistig arbeiten andere Regelungen ergeben, als dies für die sehr stark körperlich arbeitenden Mitarbeiter der Fall ist.

7.1.2 Betriebsmittel

Als Betriebsmittel werden alle Inputfaktoren - außer Personen - bezeichnet, die langfristig nutzbar sind. Hierzu gehören, wie bereits erwähnt, Maschinen, Werkzeuge und Gebäude. Zur Bewertung von Betriebsmitteln kann man deren Leistungsfähigkeit bestimmen, die in erster Linie von den Faktoren

- technischer Stand,
- Abnutzungsgrad,
- Kapazität

beeinflusst wird.

Im Zusammenhang mit dem technischen Stand geht man davon aus, dass mit zunehmender technischer Entwicklung die Betriebsmittel leistungsfähiger werden. Neben dem Modernitätsgrad ist aber die Leistungsfähigkeit auch vom Abnutzungsgrad des Potenzialfaktors abhängig. Bei der Abnutzung kann man zwischen dem nutzungsbedingten, dem umweltbedingten (Korrosion etc.) und dem Katastrophenverschleiß unterscheiden. Zur Reduzierung der Abnutzung können folgende Maßnahmen ergriffen werden:

- regelmäßige Überwachung,
- Einhaltung der Wartungsintervalle,
- allgemeine Pflege,
- rechtzeitiges Durchführen notwendiger Reparaturen,
- ausreichender Wetterschutz,
- Anreize zur Materialschonung, z. B. der Prämienstücklohn.

Weiterhin können Betriebsmittel anhand ihrer Kapazität beschrieben werden. Die maximale Kapazität bezieht sich hierbei auf die Leistung, die das Betriebsmittel aufgrund der technischen Gegebenheiten maximal in einer Zeiteinheit erbringen kann. Neben der maximalen sind die minimale sowie die optimale Kapazität für die Einsatzplanung des Betriebsmittels von Bedeutung. Die minimale Kapazität gibt an, ab welcher Leistungsmenge der Produktionsfaktor überhaupt einsetzbar ist, bei der optimalen Kapazität sind die Stückkosten am geringsten. Auf die Bestimmung der optimalen Kapazität wird im „Intensivtraining Materialwirtschaft, Produktions- und Kostentheorie" ausführlich eingegangen.

Neben der quantitativen muss auch die qualitative Kapazität des Inputfaktors bestimmt werden. Diese Kapazitätsform setzt sich aus den Komponenten

- Anzahl der unterschiedlichen Produkte, die gefertigt werden können,
- Produktqualität,
- Anforderungen an das Bedienungspersonal

zusammen.

Die Auswahl und die Beschaffung der Betriebsmittel erfolgt, zumindest wenn es sich um größere Investitionssummen handelt, in Zusammenarbeit zwischen den Fachabteilungen und dem Finanzbereich. Die unterschiedlichen Methoden zur Beurteilung von Investitionsalternativen werden im „Intensivtraining Investition" dargestellt, so dass dieses Thema an dieser Stelle nicht vertieft wird.

7.2 Verbrauchsfaktoren

Die Verbrauchsfaktoren, die teilweise in der Literatur als Werkstoffe bezeichnet werden, setzen sich aus verschiedenen Inputgruppen zusammen. In Tabelle 7.5 sind die Teilgruppen aufgeführt sowie kurz charakterisiert.

Tabelle 7.5: Verbrauchsfaktoren

Verbrauchsfaktor	Kurzcharakteristika
Rohstoffe	Fertigungsausgangsstoffe, die weitgehend unverändert in den Produktionsprozess eingehen, wie zum Beispiel Holz, Erz, Rohöl oder Mineralien.
Hilfsstoffe	Inputfaktoren, die zwar auch in das Endprodukt eingehen, aber wert- bzw. mengenmäßig keine bedeutende Rolle spielen. Zu dieser Gruppe zählen zum Beispiel der Leim beim Möbelbau oder die Schrauben bei der Fertigung von PCs.
Betriebsstoffe	Faktoren, die nicht unmittelbar in das Endprodukt eingehen, die aber zum Betrieb der Betriebsmittel notwendig sind, wie beispielsweise Treibstoffe, Schmiermittel etc.
Komponenten	Diese Produktionsfaktoren sind Endprodukte der Lieferanten, das heißt, hier liegt bereits eine Produktion auf einer vorgelagerten Stufe vor. Im Automobilbereich können zum Beispiel die Bremsanlage, die Scheinwerfer oder die Inneneinrichtung als Komponenten erworben werden.

Zur Optimierung der Nutzung von Verbrauchsfaktoren kann einerseits die Materialausnutzung erhöht, andererseits die Beschaffung dieser Produktionsfaktoren verbessert werden. Die Beschaffungsseite wird ausführlich im „Intensivtraining Materialwirtschaft, Produktions- und Kostentheorie" diskutiert, so dass hier auf weiterführende Ausführungen verzichtet wird.

Die Ergiebigkeit von Verbrauchsfaktoren kann man indirekt über den Materialverlust bestimmen, wobei man zwischen Abfall und Ausschuss unterscheiden muss.

- Abfall

  Abfälle sind Restmengen, die bei der Produktion anfallen. Sie sind trotz aller Optimierungsbemühungen in der Regel nicht ganz vermeidbar. Zur Vermeidung von Abfall kann man die Vorgaben an die Lieferanten verbessern oder Prämien in Abhängigkeit vom Umfang des Abfalls bezahlen. Weiterhin besteht die Möglichkeit, den Abfall sinnvoll zu nutzen. Zu denken ist hier beispielsweise an das Recycling oder die Entwicklung nachgelagerter Produkte.

- Ausschuss

  Im Vergleich zum Abfall ist der Ausschuss noch unangenehmer für das Unternehmen, da beim Ausschuss neben dem Materialverlust die investierte Arbeitszeit sowie die Nutzung der Betriebsmittel zunächst verloren geht. Eine Möglichkeit, diese Verluste zu begrenzen ist die Weiterverwertung der Produkte zum Beispiel als 2.-Wahl-Angebote. Mittel zur Vermeidung von Ausschuss sind einerseits entsprechende Lohnsysteme oder die Einrichtung von Qualitätszirkeln, deren Aufgabe die permanente Verbesserung der Produktionsabläufe und damit der Prozess- und Produktqualität ist.

Die Reduzierung von Abfall bzw. Ausschuss lässt sich auch durch ein kontinuierliches Qualitätsmanagement erreichen, wobei hier ein systematische und keine zufällige Vorgehensweise gewählt werden sollte.

7.3 Dispositiver Faktor

Damit durch die Kombination der Elementarfaktoren der gewünschte Output entsteht, ist eine leitende, planerische und organisatorische Tätigkeit notwendig. Diese Aufgaben übernimmt in den Unternehmen der dispositive Faktor, den man im weiteren Sinne als Management bezeichnen kann. Das Management umfasst alle Führungskräfte, das heißt den Personenkreis, der anderen Mitarbeitern Weisungen erteilen kann, und beschränkt sich nicht auf die Unternehmensleitung.

Die Klassifizierung der Managementaufgaben kann unter anderem wie folgt vorgenommen werden:

- Zielsetzung,
- Planung,
- Entscheidung,
- Realisierung und
- Kontrolle.

7.3.1 Zielsetzung

Die Formulierung und Kommunikation der Unternehmensziele dient in erster Linie der Schaffung einer gemeinsamen Arbeitsgrundlage, damit in allen Unternehmensbereichen auf eine einheitliche Zielgröße hingearbeitet werden kann. Unter Punkt 4.1 wurde schon aufgezeigt, dass neben der langfristigen Gewinnmaximierung eine Reihe von Nebenzielen auftreten, die in die Bereiche Finanz-, Leistungs- und Erfolgsziele aufgeteilt werden können.

Der Zielbildungsprozess gliedert sich in sieben Abschnitte, die nachfolgend kurz erläutert werden.

- Zielsuche
- Operationalisierung der Ziele
- Zielanalyse und Zielordnung
- Prüfung auf Realisierbarkeit
- Zielentscheidung
- Zieldurchsetzung
- Zielüberprüfung und Zielrevision.

- Zielsuche
  Aufgrund der hohen Komplexität dieser Aufgabe sollten in einem ersten Schritt möglichst viele denkbare Ziele aufgezeigt werden, damit eine breite Basis für die nächsten Schritte im Zielbildungsprozess vorhanden ist.

- Operationalisierung der Ziele
  Damit Ziele ihre Aufgaben erfüllen können, müssen sie genau beschrieben werden, wobei folgende Dimensionen zu beachten sind:

  - Zielinhalt,
  - Zielausmaß,
  - Zieltermin,
  - Zielerreichungsrestriktionen,
  - Verantwortlichkeiten für die Zielerreichung und
  - Ressourcen zur Zielerreichung.

- Zielanalyse und Zielordnung
  Im Rahmen der Zielanalyse und Zielordnung müssen die Beziehungen zwischen den verschiedenen Zielen aufgezeigt werden. Es ist zu überprüfen, ob Zielkomplementaritäten oder Zielkonflikte entstehen können oder ob die Ziele indifferent zueinander stehen. Darüber hinaus ist eine Zielhierarchie zu bilden, in der den einzelnen Managementebenen die aus den Unternehmenszielen abgeleiteten Bereichs-, Hauptabteilungs-, Abteilungs- und Mitarbeiterziele zugeordnet werden. Weiterhin ist in dieser Phase eine Prioritätenliste aufzustellen, um zwischen Haupt- und Nebenzielen unterscheiden zu können.

- Prüfung auf Realisierbarkeit
  In diesem Abschnitt muss zunächst überprüft werden, ob die zur Verfügung stehenden Ressourcen ausreichen, um die gewählten Ziele auch realisieren zu können. Wichtig ist, dass Ziele zwar eine Herausforderung für die Mitarbeiter darstellen, dass sie aber aus der Sicht der Betroffenen erreichbar sein müssen, da ansonsten die gewünschte Motivationssteigerung nicht zu erwarten ist. Treten in diesem Bereich Probleme auf, muss der Zielbildungsprozess neu gestartet werden.

- Zielentscheidung
  Ergeben sich im Rahmen der Prüfung auf Realisierbarkeit mehrere erreichbare Ziele, muss nun entschieden werden, welche Ziele definitiv für die nächste Planungsperiode gelten sollen. Wichtig ist, dass am Ende eine eindeutige Vorgabe gemacht werden kann.

- Zieldurchsetzung

  Eine Grundvoraussetzung für die erfolgreiche Zieldurchsetzung ist die Kommunikation der Zielinhalte sowie die Einbindung der Mitarbeiter in den Zielbildungsprozess.

- Zielüberprüfung und Zielrevision

  Zielvorgaben, die nicht einer Überprüfung unterzogen werden, sind für alle Beteiligten sinnlos. Aus diesem Grund muss eine regelmäßige Überprüfung des Zielerreichungsgrades durchgeführt werden. Treten Zielabweichungen auf, müssen die hierfür verantwortlichen Gründe analysiert werden. Ist es aufgrund veränderter Rahmenbedingungen absehbar, dass die Ziele nicht mehr erreichbar sind, müssen die Zielgrößen den neuen Gegebenheiten angepasst werden.

7.3.2 Planung

Planung ist die gedankliche Vorwegnahme zukünftigen Handelns.

Das Planungssystem eines Unternehmens sollte, analog zum Zielsystem, ebenfalls alle Unternehmensebenen umfassen. Im Rahmen der Abstimmung unterschiedlicher Teilplanungen spricht man auch vom „Ausgleichsgesetz der Planung". Mit diesem von Erich Gutenberg formulierten Gesetz soll verdeutlicht werden, dass sich die Zusammenführung verschiedener Pläne an dem Bereich orientieren muss, der die geringste Leistung erbringen kann.

Die einzelnen Teilpläne können anhand von fünf Kriterien charakterisiert werden.

- Der Umfang des Teilplans

  Der Plan bezieht sich auf einen Unternehmensbereich, eine Abteilung oder eine Gruppe.

- Die Dimension des Plans

  Mengen-, Wert-, Preis- oder Kostenplanungen.

- Plandetaillierung
  Rahmen- bzw. Grobplan oder Detail- bzw. Feinplan.

- Zeitlicher Rahmen des Plans
  Kurzfristige (bis 1 Jahr), mittelfristige (1-3 bzw. 5 Jahre) und langfristige (ab 3. bis 20 Jahre) Planung. Die zeitliche Reichweite der einzelnen Pläne ist in der Literatur nicht eindeutig festgelegt. Sie hängt auch von der Schnelllebigkeit der Branchen bzw. der Märkte ab, in denen ein Unternehmen aktiv ist.

- Planungsebene
  Strategische und operative Planung.

Strategische Planung:
Die richtigen Sachen machen (Effektivität)

Operative Planung:
Die Sachen richtig machen (Effizienz).

Auch wenn die strategische Planung eher lang- und die operative Planung hauptsächlich kurzfristig ist, sind nicht alle kurzfristigen Planungen operativ. Muss zum Beispiel aufgrund des Ausfalls eines Lieferanten kurzfristig eine Entscheidung über das weitere Verhalten am Markt getroffen werden, bezieht sich dieser Plan auf einen kurzfristigen Zeitraum, man befindet sich aber trotzdem auf der strategischen Ebene.

7.3.3 Entscheidung

Bei der Suche nach Entscheidungsregeln kann man zwei unterschiedliche Wege gehen. Die normative Entscheidungstheorie versucht Lösungsansätze für einen rationalen Entscheider in unterschiedlichen Umweltkonstellationen zu entwickeln. Im Gegensatz hierzu steht im Rahmen der deskriptiven Entscheidungstheorie die Frage im Mittelpunkt, wie die realen menschlichen Entscheidungen zustande kommen. Nachfolgend wird kurz auf die Ansätze der normativen Entscheidungstheorie eingegangen, auf die

Diskussion deskriptiver Ansätze wird an dieser Stelle verzichtet.

Sämtliche Entscheidungssituationen können in das Grundmodell der Entscheidungstheorie (vgl. Abbildung 7.5) zurückgeführt werden, in dem fünf Dimensionen unterschieden werden. Vor jeder Entscheidung sollten deshalb die fünf Dimensionen sorgfältig bestimmt werden, was in der Praxis allerdings gar nicht so leicht fällt.

	Zielfunktion				
	S_1 $P(S_1)$	S_2 $P(S_2)$	S_3 $P(S_3)$	.....	S_s $P(S_s)$
A_1	e_{11}	e_{12}	e_{13}		e_{1s}
A_2	e_{21}	e_{22}	e_{23}		e_{2s}
A_3	e_{31}	e_{32}	e_{33}		e_{3s}
.....					
.....					
A_a	e_{a1}	e_{a2}	e_{a3}		e_{as}

Abbildung: 7.5: Grundmodell der Entscheidungstheorie

- Handlungsalternativen (A_a), die dem Entscheider zur Verfügung stehen,

- Umweltbedingungen (S_s), mögliche Rahmenbedingungen, die das Ergebnis der Entscheidung beeinflussen, vom Entscheider aber nicht beeinflusst werden können, wie beispielsweise die konjunkturelle Lage, die gesetzlichen Regelungen oder das Verhalten der Konkurrenz.

- Eintrittswahrscheinlichkeiten für die Umweltzustände ($P(S_s)$)
  In Abhängigkeit von den Eintrittswahrscheinlichkeiten der Umweltzustände kann man drei Entscheidungssituationen unterscheiden:
  - Entscheidung unter Sicherheit
    Der Entscheider kennt den eintretenden Umweltzustand. Diese Situation ist der Praxis allerdings nur selten anzutreffen.

- Entscheidung unter Risiko
  Es liegen objektive oder subjektive Wahrscheinlichkeiten für das Eintreten der verschiedenen Umweltzustände vor.

- Entscheidung unter Unsicherheit
  Es liegen keinerlei Informationen über das Eintreten der Umweltkonstellationen vor.

- Ergebnis (e_{as}), aus der Kombination einer Handlungsalternative mit einem Umweltzustand ergibt sich ein Ergebnis, das beispielsweise als Mengen- oder Werteinheit dargestellt werden kann.

- Zielfunktion
  Anhand der Zielfunktion kann entschieden werden, welche der sich bietenden Alternativen gewählt werden sollte.

Für die verschiedenen Umweltsituationen wurden entsprechende Entscheidungsregeln entwickelt, mit denen man unter Berücksichtigung der Zielfunktion die für den Entscheider „optimale" Alternative bestimmen kann. In Beispiel 7.2 ist beispielhaft das Erwartungswert-Kriterium dargestellt.

Beispiel 7.2: Das Erwartungswertkriterium

Ein Unternehmen steht vor folgendem Entscheidungsproblem:

Umweltzustand	S_1	S_2	S_3	Erwartungswert
Eintrittswahrscheinlichkeit	0,3	0,5	0,2	
A_1 = Einführung	30	5	-10	9,5
A_2 = keine Einführung	0	0	0	0

A_1 bedeutet, dass das Unternehmen ein neues Produkt einführt, A_2 besagt, dass diese Produkteinführung nicht durchgeführt wird. Die Entscheidungsträger gehen von drei möglichen Umweltsituationen aus, wobei bei S_1 ein hoher, bei S_2 ein mittlerer und bei S_3 nur ein sehr kleiner Marktanteil mit dem Produkt erzielt werden kann. Die Werte, die sich als Kombination der Handlungsalternativen und der Umweltsituationen ergeben, sind Gewinne in Geldeinheiten.

Wählt das Unternehmen das Erwartungswertkriterium zur Entscheidungsfindung, dann muss es für jede Alternative die möglichen Ergebnisse mit den Umwelteintrittswahrscheinlichkeiten multiplizieren. Für A_1, das heißt die Produkteinführung, ergibt sich ein Gewinnerwartungswert von 9,5 GE. Wird das Produkt nicht eingeführt, ergibt sich ein Wert von Null. Aus diesem Grund wird das Unternehmen A_1 wählen, weil dort der Gewinnerwartungswert maximal ist.

7.3.4 Realisierung

Im Rahmen der Realisierung müssen unter anderem die Aufbau- und die Ablauforganisation festgelegt werden. Die Aufbauorganisation beschäftigt sich mit der Frage, wie die Arbeitsteilung innerhalb eines Unternehmens organisiert werden kann, damit die gesetzten Ziele mit möglichst geringem Aufwand erreicht werden können. Gegenstand der Ablauforganisation ist dagegen die Frage, wie die Arbeitsprozesse gestaltet werden können. Im Einzelnen müssen folgende Regelungen getroffen werden:

- Festlegung der Arbeitsinhalte,
- Festlegung der Arbeitszeit,
- Festlegung des Arbeitsraums,
- Festlegung der Arbeitszuordnung.

Bei der Aufbauorganisation kann man zwischen der Organisationsstruktur und dem Leitungssystem unterscheiden.

- Organisationsstruktur
  In Abhängigkeit davon, ob nach der Unternehmensführung zunächst die einzelnen Funktionsbereiche (Anordnung nach dem Verrichtungsprinzip) oder die Sparten (Anordnung nach dem Objektprinzip) als Hauptorganisationseinheiten auftreten, spricht man von einer funktio-

nalen (vgl. Abbildung 7.6) bzw. von einer Spartenorganisation (vgl. Abbildung 7.7). Die funktionale Organisationsstruktur hat den Vorteil, dass die Funktionskompetenz sehr stark ausgebildet werden kann. Darüber hinaus ergeben sich zum Beispiel Vorteile im Beschaffungsbereich, wenn die Inputfaktoren für das gesamte Unternehmen zentral eingekauft werden. Problematisch ist aber, dass die Identifizierung mit einem bestimmten Markt oder einer Produkt- oder Kundengruppe häufig nicht im ausreichenden Maße möglich ist, so dass wertvolle Marktchancen nicht genutzt werden können. Aus diesem Grund wurden sehr viele Unternehmen in den letzten Jahren von einer funktionalen in eine divisionale Organisationsstruktur überführt, wobei aber nicht immer die gewünschten Verbesserungen auch realisiert werden konnten.

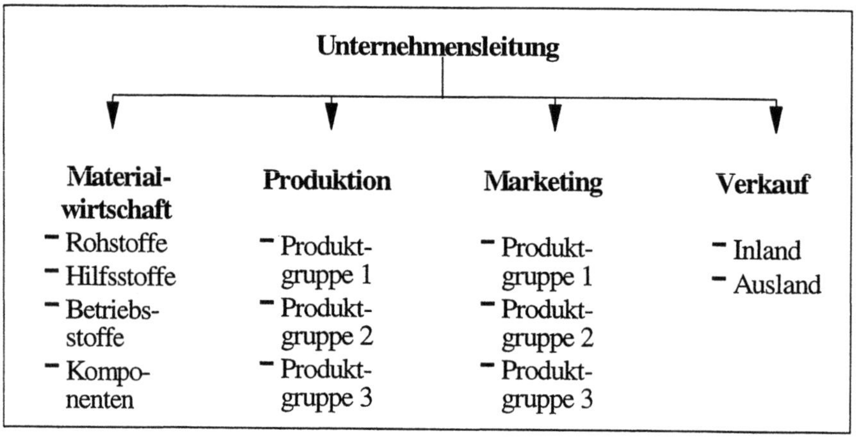

Abbildung 7.6: Funktionale Organisation

- Leitungssystem

Bei einem Leitungssystem kann man generell zwischen dem Einlinien- und dem Mehrliniensystem unterscheiden. Beim Einliniensystem hat jeder Mitarbeiter einen Vorgesetzten, der für seine Leitung zuständig ist. Die Zielsetzung ist bei dieser Vorgehensweise die Einheit der Auftragserteilung. Demgegenüber steht das Mehrliniensystem, bei dem ein Mitarbeiter von verschiedenen Vorgesetzten Weisungen bekommt. Durch diese Mehrfachunterstellung soll erreicht werden, dass jede Führungsperson nur für ihren Spezialbereich zuständig ist und auch nur für Aufgaben aus diesem Bereich Weisungen erteilt. Problematisch wird dieses Leitungssystems durch die in der Regel auftretenden Kompetenzstreitigkeiten zwischen den einzelnen Vorgesetzten und dem Fehlen eines direkten Ansprechpartners für die Mitarbeiter.

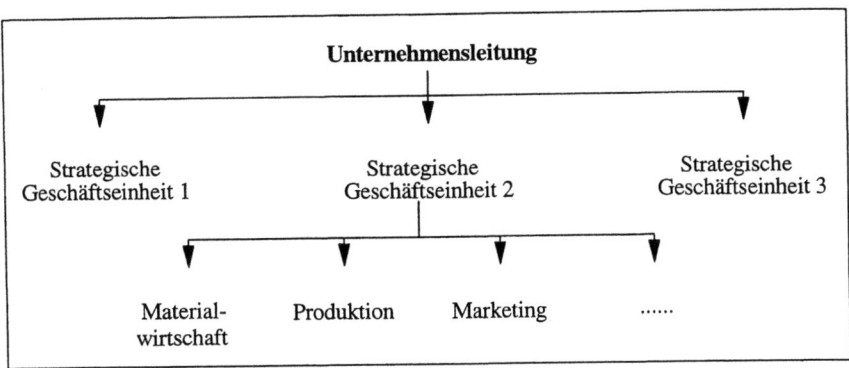

Abbildung 7.7: Spartenorganisation

Versucht man die Vorteile der beiden aufgeführten Organisationsstrukturen zu nutzen, entsteht eine Matrixorganisation (vgl. Abbildung 7.8), die wiederum eine Art Mehrliniensystem darstellt. Diese Form der Organisation findet man häufig im Rahmen eines Projekt- oder Produktmanagements. Durch die bewusste Konfrontation der Sparten- und der Funktionsverantwortlichen will man verbesserte Ergebnisse erzielen, da alle Beteiligten sich wesentlich stärker mit ihrer Aufgabenstellung auseinandersetzen müssen, um gegenüber den Kollegen bestehen zu können.

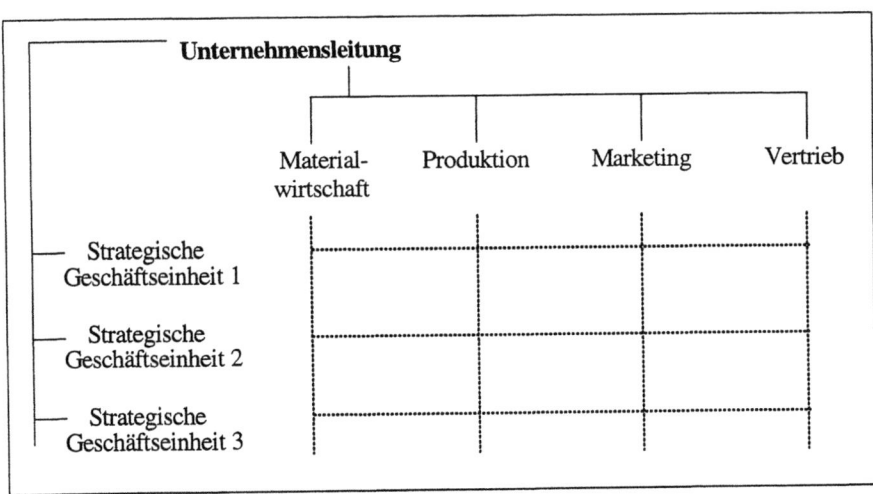

Abbildung 7.8: Matrixorganisation

Damit sich die positiven Effekte dieser Struktur voll entfalten können, muss genau geklärt werden, wer welche Kompetenzen hat und wie die disziplinarische Zuordnung ist.

7.3.5 Kontrolle

Zur Kontrolle der betrieblichen Prozesse sind eine Vielzahl von Techniken entwickelt worden, die insbesondere im Bereich Controlling zu finden sind. Controlling geht allerdings über die reine Kontrolle weit hinaus und schließt zum Beispiel auch die Steuerung und die Entscheidungsvorbereitung mit ein.

Eine notwendige Voraussetzung, um ein wirkungsvolles Controlling (oder Kontrolle) im Unternehmen zu etablieren, ist ein leistungsfähiges Managementinformationssystem, in dem alle relevanten Daten zur Verfügung gestellt werden. Obwohl in den letzten Jahren sehr viel in diesem Bereich gearbeitet wurde, ist es heutzutage in vielen Unternehmen immer noch nicht möglich, alle relevanten Daten über eine einheitliche Oberfläche am PC zu beziehen und zu analysieren. Neuere Entwicklungen im Controlling versuchen jetzt das gesamte Unternehmen als Gegenstand des Controlling zu sehen und nicht nur Teilaspekte. Ein wichtiges Instrument hierbei ist die Balanced Scorecard.

7.3.6 Führung

Bei allen angesprochenen Managementaufgaben stellt sich die Frage, inwieweit die Mitarbeiter in diesen Prozess eingebunden werden sollen bzw. wie die Umsetzung der Pläne und Entscheidungen erfolgen kann. In den Tabellen 7.6 und 7.7 sind beispielhaft zwei Aspekte aus dem Gebiet der Führung aufgeführt.

Die in Tabelle 7.6 dargestellten Führungsstile stellen das Grundkonzept in diesem Bereich dar. Hieraus können dann weitere Verhaltensweisen abgeleitet werden.

Tabelle 7.6: Führungsstile

Führungsstil	Charakteristika
patriarchalisch	absoluter alleiniger Führungsanspruch, vergleichbar mit der Autorität des Vaters in der Familie, hohes persönliches Engagement des Vorgesetzten
charismatisch	absoluter Führungsanspruch, der sich aber aus der Ausstrahlungskraft des Vorgesetzten ableitet
autokratisch	Nutzung der Führungshierarchie, alleiniger Machtanspruch, der aber weniger auf eine bestimmte Person als auf eine Institution bezogen ist
bürokratisch	alle Entscheidungen müssen anhand von Formblättern begründ- und nachvollziehbar sein, genaue Definition der Befugnisse der Mitarbeiter
kooperativ	Einbeziehung der Mitarbeiter in den Entscheidungsprozess, hoher Informationsfluss, transparente Arbeitsabläufe

Neben dem Führungsstil kann man verschiedene Managementprinzipien unterscheiden, wobei in Tabelle 7.7 die wichtigsten „Management-by"-Konzepte charakterisiert sind.

Tabelle 7.7: Führungsprinzipien

Führungsprinzip	Charakteristika
Management by Exception (MbE)	Führung durch Abweichungskontrolle, Eingriff im Ausnahmefall, Entscheidungen sollen an klar definierten Richtlinien gebunden werden, Entlastung des Vorgesetzten, Bestimmung von Sollwerten, intensiver Informationsaustausch, Kontroll- und Berichtswesen
Management by Delegation (MbD)	Führung durch Aufgabendelegation, Entlastung des Vorgesetzen, Förderung der Eigeninitiative der

	Mitarbeiter, Abbau von Hierarchien, Entscheidungsfindung auf der sachlich richtigen Ebene, Regeln für den Informationsfluss und die Erfolgskontrolle
Management by Objectives (MbO)	Führung durch Zielvereinbarung, Förderung der Leistungsmotivation, kooperativer Führungsstil, systematische Berücksichtigung von Verbesserungsmöglichkeiten, objektivierte, zielorientierte Personalbeurteilung, leistungsorientierte Bezahlung
Management by System (MbS)	Führung durch Systemsteuerung, vergleichbar MbO, aber auf der Grundlage eines EDV-gestützten Informations- und Controlling-Systems, Beschleunigung aller Geschäftsprozesse, Integration unterschiedlicher Abteilungen

7.4 Zusatzfaktoren

Die Zusatzfaktoren komplettieren das System der Produktionsfaktoren und sind als dynamisches Element anzusehen. Das heißt, dass es durchaus denkbar ist, dass in einiger Zeit weitere Faktoren in das System aufgenommen werden müssen.

Übungsaufgaben zum 7. Kapitel

Aufgabe 7.1:

a) Worin liegt der Unterschied zwischen den Elementarfaktoren und dem dispositiven Faktor?

b) Nennen Sie drei Arten von Verbrauchsfaktoren. Worin unterscheiden sich diese Faktoren von den Potenzialfaktoren?

Aufgabe 7.2:

a) Die Arbeitsleistung der Mitarbeiter wird unter anderem durch die personenbezogenen Faktoren beeinflusst. Was versteht man unter diesem Begriff?

b) Bei der Entwicklung eines Lohnsystems bestehen unterschiedliche Möglichkeiten. Geben Sie zwei Lohnformen an und zeigen Sie auf, wie sich die von Ihnen gewählten Lohnformen auf die Entwicklung der Stückkosten auswirken.

Aufgabe 7.3:

Geben Sie vier verschiedene Maßnahmen an, mit deren Hilfe die Abnutzung von Betriebsmitteln reduziert werden kann.

Aufgabe 7.4:

Worin liegt aus Unternehmenssicht der Unterschied zwischen Abfall und Ausschuss?

Aufgabe 7.5:

In welche Schritte kann man den Zielbildungsprozess unterteilen?

Aufgabe 7.6:

Die Pläne, die in einem Unternehmen aufgestellt werden müssen, können nach unterschiedlichen Kriterien eingeteilt werden. Um welche Kriterien handelt es sich hierbei?

Aufgabe 7.7:

a) Aus welchen Elementen besteht das Grundmodell der Entscheidungstheorie?

b) Ein Student hat die Möglichkeit, entweder ein Semester im Ausland zu studieren (A1) oder ein Praktikum (A2) zu machen. Bezüglich seiner Aktivitäten nach dem Studium unterscheidet der Student drei alternative Umweltzustände: S1 (Berufsstart in einem internationalen Unternehmen), S2 (Übernahme einer Aufgabe in einem regional ausgerichteten Unternehmen) und S3 (Zweitstudium im Ausland). In nachfolgender Tabelle sind die Eintrittswahrscheinlichkeiten für das Eintreten der Umweltzustände sowie die potenziellen Ergebnisse der Handlungsmöglichkeiten angegeben. Der Student wählt die Handlungsalternative, die ihm den höheren erwarteten Nutzen erbringt. Wie wird sich der Student entscheiden?

Umweltzustand	S_1	S_2	S_3	Erwartungswert
Eintrittswahrscheinlichkeit	0,2	0,5	0,3	
A_1 = Studium im Ausland	25,0	5,0	15,0	
A_2 = Praktikum	5,0	25,0	10,0	

Aufgabe 7.8:

Welche Möglichkeiten ergeben sich bei der Planung der Aufbauorganisation eines Unternehmens?

Aufgabe 7.9:

Worin liegt der Unterschied zwischen einem charismatischen, einem bürokratischen und einem kooperativen Führungsstil?

TIPPS zur Lösung der Übungsaufgaben

Aufgabe 2.2:

a) In diesem Fall ist sowohl die Umgebung als auch die Menge zu berücksichtigen.

Aufgabe 2.3:

Zu untersuchen ist, ob bei einer Alternative im Vergleich mit einer anderen Alternative mehr an Umsatz erzielt werden kann, obwohl in keiner der Zeitschriften mehr Anzeigen geschaltet werden müssen.

Aufgabe 2.8:

Man kann zwischen der allgemeinen und der speziellen Betriebswirtschaftslehre unterscheiden.

Aufgabe 3.1:

Die Jahressalden betragen: Einzahlungen - Auszahlungen = - 86.000

Einnahmen - Ausgaben = -76.000

Erträge - Aufwendungen = 0

Leistungen - Kosten = 2.000

Erst der Rohstoffverbrauch stellt einen Aufwand dar.

Die Gewährung eines Darlehens verändert das Geldvermögen nicht.

Bei Spenden handelt es sich nicht um betriebsbedingte Auszahlungen.

Aufgabe 3.5:

c) Die Renditen betragen: Eigenkapitalrentabilität = 20,0 %

Gesamtkapitalrentabilität = 12,5 %

Umsatzrentabilität = 3,9 %

Der Gewinn ist zunächst zu bestimmen (Umsatz - Kosten) und im Falle der Gesamtkapitalrentabilität zu den angegebenen Fremdkapitalzinsen zu addieren.

Aufgabe 3.6:

a)   316.666,67 €   b)   250.000 €

Der Kaufpreis der Immobilie setzt sich aus dem notwendigen Eigenkapital und dem jeweils zu bestimmenden Fremdkapital zusammen.

 Da keine weiteren Angaben gemacht wurden gilt: Mieteinnahmen - Zinsen = Gewinn.

Aufgabe 4.1:

Hierbei muss genau analysiert werden, welche Frage diskutiert werden soll.

Aufgabe 4.3:

 Finanz-, Erfolgs- und Leistungsziele.

Aufgabe 4.6:

Hierbei muss überlegt werden, wer alles direkt oder indirekt mit dem Unternehmen zu tun hat.

Aufgabe 4.7:

Die Frage ist, von welchen Marktfaktoren der Erfolg des Unterneh- mens abhängt.

Aufgabe 4.9:

Ein Me-too-Produkt ist ein mehr oder weniger starker Nachbau be- reits am Markt vorhandener Produkte.

Aufgabe 4.14:

Es müssen zunächst die für die Entscheidungsfindung relevanten Kriterien gefunden werden.

Aufgabe 5.6:

A erhält 38.279,50 € und B erhält 34.720,50 €.

Die 4 %ige Verzinsung muss zeitpunktgenau durchgeführt werden, da die Einlagenhöhe über das Geschäftsjahr bei beiden Gesellschaftern schwankte.

Aufgabe 7.1:

Man kann zwischen den Arbeiten im Bereich der Produktion und den Managementaufgaben unterscheiden.

Aufgabe 7.2:

b)   Die Frage ist hierbei, inwieweit das Unternehmen von einem erhöhten Einsatz des Mitarbeiters profitieren kann

Aufgabe 7.4:

Man muss sich zunächst überlegen, wie der Ausschuss entsteht.

Aufgabe 7.7:

b)   Es müssen für beide Handlungsalternativen die Ergebnisse mit den

Eintrittswahrscheinlichkeiten multipliziert werden.

Musterlösungen zu den Übungsaufgaben

Aufgabe 2.1:

a) Bedarf; Herr Klein kann sein Bedürfnis zwar konkretisieren, verfügt aber nicht über die notwendigen finanziellen Mittel.

b) Bedarf; Frau Mayer weiß was sie möchte.

c) Nachfrage; Herr Simon ist bereit sein Geld für einen Kleiderschrank auszugeben.

d) Bedarf; Frau Huber möchte ein Fahrrad der Marke Fischer.

e) Bedürfnis; Mangelgefühl ohne Konkretisierung.

Aufgabe 2.2:

a) Sand ist in der Regel ein wirtschaftliches Gut, weil man in kaufen muss. Er ist ein freies Gut, wenn man sich zum Beispiel an einem Sandstrand befindet. Allerdings würde er auch dort zum wirtschaftlichen Gut, wenn man ihn in großen Mengen wegtransportieren wollte.

b) Brot ist ein wirtschaftliches Gut. Es ist knapp, verfügbar, begehrt und technisch tauglich.

c) Die Leistung eines Steuerberaters ist ein wirtschaftliches Gut, weil sich hierfür am Markt ein Preis bildet.

d) Fahrkarten für eine Magnetbahn Frankfurt - Hamburg sind kein wirtschaftliches Gut, weil sie nicht verfügbar sind.

Aufgabe 2.3:

Bereits zu diesem Zeitpunkt kann die Alternative 3 ausgeschlossen werden, weil es sich nicht lohnt, mit 42 Anzeigen in Zeitschrift 1 und 47 Anzeigen in Zeitschrift 2 130.000 € Umsatz anzustreben, da die 4. Alternative immer zu einem besseren Ergebnis führt.

Aufgabe 2.4:

Eine Volkswirtschaft kann durch die drei Sektoren Betriebe (B), Öffentliche Haushalte (ÖH) und Private Haushalte (PH) repräsentiert werden. Zwischen diesen Sektoren bestehen zum Beispiel folgende Wechselbeziehungen:

B - ÖH: Güterlieferungen und Abgaben

B - PH: Lieferung von Gütern und Dienstleistungen, Löhne und Gehälter

PH - B: Arbeitsleistung, Geldmittel für Güterkäufe

PH - ÖH: Arbeitsleistung, Steuern

ÖH- PH: Löhne und Gehälter, Transferzahlungen

ÖH - B: Subventionen, Geldmittel für Güterkäufe

Aufgabe 2.5:

Rechtsform: Analyse des Steueraufkommens

Mitarbeiteranzahl: Fragen der Mitbestimmung

Branche: gezielte Unterstützungsmaßnahmen durch den Staat

Aufgabe 2.6:

Intersubjektive Vergleichbarkeit, Reliabilität, Strukturiertheit, Allgemeingültigkeit, Widerspruchsfreiheit und faktische Überprüfbarkeit

Aufgabe 2.7:

Definition siehe Seite 14

Aufgaben: Beschreibung von Zusammenhängen, Hilfsmittel zur Ableitung von Hypothesen, aufzeigen von Widersprüchen oder Ersatz für Realexperimente

Aufgabe 2.8:

Die allgemeine Betriebswirtschaftslehre beschäftigt sich mit bestimmten Funktionsbereichen (Produktion, Marketing u.s.w.), wohingegen sich die speziellen Betriebswirtschaftslehren mit Institutionen (Handel, Bank, Industrie u.s.w.) befassen. Diese Vorgehensweise ist sinnvoll, da dadurch sowohl Funktions- als auch Institutionsprobleme intensiv bearbeitet werden. Im Rahmen der speziellen Betriebswirtschaftslehren wird die Verbindung zwischen den einzelnen betrieblichen Funktionen deutlich, wohingegen die allgemeine Betriebswirtschaftslehre Lösungen aufzeigt, die in anderen Branchen schon erfolgreich eingesetzt werden, wie dies zum Beispiel im Bereich des Banken- oder Versicherungsmarketing der Fall. In diesen Bereichen kann auf die umfangreichen Erfahrungen aus der Konsumgüterbranche zurückgegriffen werden.

Aufgabe 2.9:

Nachbardisziplinen sind Wissenschaften oder Gebiete, deren Erkenntnisse in der Betriebswirtschaftslehre angewandt werden, wie zum Beispiel die Volkswirtschaftslehre, die Ingenieurwissenschaften, die Psychologie oder die Rechtswissenschaften.

Aufgabe 3.1:

Monat	Einzahlung + Auszahlung -	Einnahme + Ausgabe -	Ertrag + Aufwand -	Leistung + Kosten -
Januar	- 40.000	- 50.000 - 40.000		
Februar	- 50.000			
März	- 3.000	- 3.000	- 10.000 - 3.000	-10.000 - 3.000
April		+ 20.000	+ 20.000	+ 20.000
Mai	+ 20.000			
Juni				
Juli				
August				
September				
Oktober	- 10.000			
November				
Dezember	- 3.000	- 3.000	- 4.000 - 3.000	- 5.000
Jahressaldo:	- 86.000	- 76.000	0	+ 2.000

Während in der Finanzbuchhaltung zumindest keine Verluste erzielt wurden und in der Kosten- und Leistungsrechnung gar ein positives Betriebsergebnis resultierte, fand im Geschäftsjahr eine erhebliche Beeinträchtigung der Liquidität statt, die nur über vorhandene Zahlungsmittelbestände gedeckt worden sein kann.

Aufgabe 3.2:

a) Zusatzkosten, wie der kalkulatorische Unternehmerlohn.

b) Neutrale Erträge, wie z.B. die Erträge aus Beteiligungen des Handelsunternehmens.

c) Barverkauf im Rahmen des eigentlichen Betriebszwecks (die Schreinerei verkauft ein soeben fertig gestelltes Möbelstück).

Aufgabe 3.3:

Sofern der Kunde das Fahrzeug zum Händler fährt, stellt beispielsweise die hierfür notwendige, bewertete (Arbeits-)Zeit einen Kostenfaktor dar.

Aufgabe 3.4:

Mögliche Gründe für eine hohe Arbeitsproduktivität bei geringer Eigenkapitalrentabilität sind hohe Kosten, wie z.B. Personal-, Materialkosten, Abschreibungen etc., niedrige Verkaufszahlen, oder geringe Gewinnzuschläge in der Kalkulation.

Aufgabe 3.5:

a) Produktivitäten: - Arbeitsproduktivität = 0,31 kg Endprodukt/Std.
- Materialproduktivität A = 1,67 kg A/kg Endprodukt
- Materialproduktivität B = 0,85 kg B/kg Endprodukt
- Maschinenproduktivität = 1,82 kg Endprodukt/Std.

b) Wirtschaftlichkeit: 5,1 Mio. € / 4,9 Mio. € = 1,04 (104 %)

c) Rentabilitäten: Gewinn = 200.000 €, Zinsen = 800.000 €
- Eigenkapitalrentabilität = 20,0 %
- Gesamtkapitalrentabilität = 12,5 %
- Umsatzrentabilität = 3,9 %

Aufgabe 3.6:

Werden von den Mieteinnahmen die zu zahlenden Zinsen für das aufzunehmende Fremdkapital bezahlt, verbleibt der Gewinn für den Investor (Mieteinnahme = Zinsen + Gewinn).

a) Eigenkapitalrentabilität = 8 %
Gewinn/ € 50.000 = 0,08
Gewinn = 4.000 €
Zinsen = 16.000 €

Bei einem Kreditzins von 6 % beträgt folglich das aufzunehmende Fremdkapital 266.666,67 €. Der Kaufpreis der Immobilie liegt dann bei 316.666,67 €.

b) Gesamtkapitalrentabilität = 8 %
20.000 € / Gesamtkapital = 0,08
Gesamtkapital = 250.000 €
Der Kaufpreis liegt bei 250.000 €. Hierbei sind 200.000 € als Kredit zu 6 % aufzunehmen.

Aufgabe 3.7:
a) Die Liquidität eines Unternehmens ist seine Fähigkeit, fälligen Zahlungsverpflichtungen termingerecht nachkommen zu können.

b) Ein hoher Gewinn steht nicht zwangsläufig für einen hohen Zahlungsmittelbestand. Da ein Ertrag bereits entsteht, wenn dem Kunden bei einem Zielverkauf die Ware übergeben wurde, liegt ein möglicher Grund für einen hohen Gewinn bei niedriger Zahlungsfähigkeit in hohen Außenständen des Unternehmens. Ein weiterer Grund könnte der Sachverhalt sein, dass die Kundeneinzahlungen (und damit auch die darin enthaltenen Gewinnanteile) über das Jahr hinweg anfallen und zu Investitionen, Wareneinkäufen etc. genutzt und nicht in einer imaginären Schatulle gesammelt werden.

Aufgabe 4.1:
Diese Aussage kann erst dann bewertet werden, wenn deutlich wird, wem der erzielte Gewinn zu Gute kommt.

Aufgabe 4.2:

Ein mehrdimensionales Zielsystem liegt vor, wenn mehrere Ziele auf der gleichen Hierarchiestufe angestrebt werden. Es kann dann zu Problemen kommen, wenn die Erhöhung des einen Ziels gleichzeitig zur Senkung des Zielerreichungsgrades bei einem anderen Ziel führt.

Aufgabe 4.3:

Finanzziele (Liquidität, Unabhängigkeit), Erfolgsziele (Gewinn, Umsatz) und Leistungsziele (Produktqualität, Effizienz der Organisation)

Aufgabe 4.4:

Die Zufriedenheit der Kunden ist die notwendige Bedingung, um überhaupt langfristig am Markt bestehen zu können.

Aufgabe 4.5:

Eine Zielpyramide bringt zum Ausdruck, wie die Ziele auf den verschiedenen Hierarchiestufen aus den Unternehmenszielen abgeleitet werden können. Diese Darstellung ist notwendig, damit jeder Mitarbeiter erkennen kann, was er zur Erreichung der Unternehmensziele beitragen kann.

Aufgabe 4.6:

Ansprüche der Mitarbeiter, der Anteilseigner, der Lieferanten, der Kunden, der Öffentlichkeit und der Geldgeber.

Aufgabe 4.7:

Marktpotenzial, Kundenwünsche, Konkurrenzsituation, Bezugsquellen für Inputfaktoren und verfügbare Technologie.

Aufgabe 4.8:

Vorteile: Marktführerschaft, starke Kundenbindung, Preisspielraum, Imagegewinn

Nachteile: hohe Entwicklungskosten, Risiko bezüglich der Marktakzeptanz des Produkts, hohe Kommunikationskosten zur Übermittlung des Produktnutzens.

Aufgabe 4.9:

Ein Me-too-Produkt ist ein Produkt, dessen Eigenschaften mit denen bereits am Markt vorhandener Produkte ziemlich stark übereinstimmen. Der Vorteil dieser Vorgehensweise liegt unter anderem darin, dass der Grundnutzen der Produktkategorie den Käufern bereits bekannt ist und dass einige Entwicklungsschritte durch die Analyse der Konkurrenzprodukte erleichtert werden. Nachteilig sind zum Beispiel der geringe Preisspielraum sowie die bereits bestehenden Kundenbeziehungen zu den Konkurrenten.

Aufgabe 4.10:

Material-, Arbeitskräfte-, Abgaben-, Verkehrs- und Absatzorientierung.

Aufgabe 4.11:

Im Rahmen der Absatzorientierung ist heutzutage der Einsatz moderner Kommunikationstechnologien von großer Bedeutung, da diese als zusätzlicher Distributionskanal genutzt werden können. Die unmittelbare Nähe zu den Kunden ist somit nicht mehr ganz so wichtig, wie dies früher der Fall war.

Aufgabe 4.12:

Vorteile: Hoher Ausbildungsstand der Arbeitskräfte, politische Stabilität geringe Anzahl von Streiktagen, stabile Währung und gute Infrastruktur.

Nachteile: Hohe Lohn- und Lohnnebenkosten, geringe Arbeitszeit, hohe Abgabenlast, strenge Umweltauflagen und geringe Maschinenlaufzeiten.

Aufgabe 4.13:

Wirtschaftswachstum, politische Stabilität, Verfügbarkeit von Arbeitskräften, Infrastruktur und Verfügbarkeit kurz- und langfristiger Kredite.

Aufgabe 4.14:

Bei einem Punktbewertungsschema werden zunächst die entscheidungsrelevanten Kriterien erfasst und gewichtet. Anschließend werden die in Frage kommenden Standorte anhand dieser Kriterien bewertet. Der Standort, der die höchste gewichtete Bewertung erhält wird gewählt.

Aufgabe 5.1:

Bei dispositiven Rechtsnormen handelt es sich um gesetzliche „Kann-Bestimmungen" (nachgiebiges Recht), d.h. einzelvertraglich geregelte Abweichungen sind zulässig. Beispiele sind die Normen zur Gewinnverteilung in der OHG oder die Bestimmungen zur Geschäftsführung der GbR.

Aufgabe 5.2:

Die Leitung eines Unternehmens im Innenverhältnis erfolgt durch die Geschäftsführung, die Leitung im Außenverhältnis durch die Vertretung.

Aufgabe 5.3:

a) Die Offenlegung dient der Unterrichtung der Öffentlichkeit und damit der Schaffung von Sicherheit im Geschäftsverkehr zwischen den Kaufleuten.

b) Alle Kapitalgesellschaften sind zur Offenlegung gemäß § 325 HGB verpflichtet. Alle großen Gesellschaften (unabhängig ihrer Rechtsform) sind zur Publizität aufgrund des § 1 PublG verpflichtet.

c) Die Offenlegung erfolgt durch Einreichung des Jahresabschlusses in das Handels(Genossenschafts-)register und ggf. eine Veröffentlichung im Bundesanzeiger.

Aufgabe 5.4:

Beispiele für Grundhandelsgewerbe: Geschäfte eines Großhändlers, Handelsvertreters, Industriebetriebs.

Beispiele für freiberufliche Tätigkeit: Tätigkeit der Notare, Zahnärzte, Wirtschaftsprüfer.

Aufgabe 5.5:

Die wichtigsten Unterschiede finden sich bei der Art der Tätigkeit, den Vorschriften zur Firma, dem Handelsregistereintrag, möglichen Haftungsbeschränkungen, der Einzel- oder Gesamtgeschäftsführung und der gewerbe-steuerlichen Belastung (siehe 4.3.1 und 4.3.2 und 4.5).

Aufgabe 5.6:

Die 4 %ige Verzinsung ist zeitpunktgenau durchzuführen indem, ausgehend von der Einlagenhöhe am 1.1., Einlagenveränderungen berücksichtigt

166

werden. Für den Gesellschafter A ergibt sich damit in der ersten Stufe der Gewinnverteilung:

A: 350.000 * 0,04 * 6/12 + 345.800 * 0,04 * 4/12 + 340.400 * 0,04 * 2/12
A: 13.880
Bei dem Gesellschafter B führt die 4 %-ige Verzinsung zu:
B: 10.321 (Einlage berücksichtigen!)
Vom Gewinn in Höhe von 73.000 € sind damit 24.201 € verteilt, der Rest wird nach Köpfen aufgeteilt (je 24.399,50 €). Insgesamt erhält der Gesellschafter A damit einen Gewinnanteil von 38.279,50 € und auf B entfallen 34.720,50 €.

Aufgabe 5.7:

Im Unterschied zum stillen Gesellschafter, der i.d.R. lediglich ein Einsichtsrecht in den Jahresabschluss hat, fallen dem Kommanditisten außer Kontrollrechten auch Widerspruchsrechte bei außergewöhnlichen Geschäften zu.

Aufgabe 5.8:

Vorgründungsgesellschaft (bis zur Unterzeichnung des notariellen Vertrags)
Vorgesellschaft (bis zum HR-Eintrag)
GmbH als juristische Person

Aufgabe 5.9:

Organe der GmbH: Geschäftsführung, Gesellschafterversammlung, u.U. Aufsichtsrat, zu den Aufgaben siehe 4.4.1.

Aufgabe 5.10:

Ein partiarisches Darlehen liegt vor, wenn statt fixierter Zinsen, bestimmte Gewinn- oder Umsatzanteile vereinbart werden. Bei einem kapitalersetzenden Darlehen gewährt ein Gesellschafter seiner Gesellschaft einen Kredit.

Aufgabe 5.11:

a) Inhalte der Satzung: siehe Tabelle 4.2.

b) Die Mitglieder des Aufsichtsrats werden von der Hauptversammlung und ggf. von der Belegschaft bestellt.

c) Bei Satzungsänderungen und sonstigen Entscheidungen mit besonderer Tragweite.

d) Die Kapitalbeschaffungsmöglichkeiten der AG sind, durch die Fungibilität der Anteile, im Eigenkapitalbereich besser als im Falle der GmbH. Durch diese besseren Möglichkeiten zur Stärkung der Haftungsbasis und durch die zahlreichen Auflagen zum Gläubigerschutz sind auch die Möglichkeiten zur Beschaffung weiteren Fremdkapitals als besser einzustufen als bei der GmbH. Zudem stehen der börsenfähigen AG durch die Ausgabe festverzinslicher Papiere, zusätzliche Kreditbeschaffungsmöglichkeiten zur Verfügung. Allerdings müssen börsennotierte AGs deutlich mehr Vorschriften beachten als andere Unternehmen.

Aufgabe 5.12:
a) GmbH & Co. KG
b) KGaA
c) Genossenschaft

Aufgabe 5.13:
Die absolut steueroptimale Rechtsform existiert nicht, sie ist nur zeitpunktorientiert bestimmbar.

Aufgabe 5.14:
Die Genossenschaft hat die General- durch eine Vertreterversammlung zu ersetzten, wenn sie aus mehr als 3.000 Genossen besteht. Sie kann sie ersetzen, wenn dies das Statut bei mehr als 1.500 Genossen vorsieht.

Aufgabe 5.15:
Eine Betriebsaufspaltung ist die Aufteilung eines bislang einheitlichen Unternehmens in zwei rechtlich selbstständige Gesellschaften.

Aufgabe 6.1:
a) Interessengemeinschaft (Gewinngemeinschaft)
b) Fusion (durch Neubildung)
c) Gelegenheitsgesellschaft (Konsortium)

d) Kartell (Strukturkrisenkartell)

e) Franchising

Aufgabe 6.2:

a) Preisabsprachen zwischen Konkurrenten

b) Arbeitsgemeinschaft eines KFZ-Produzenten und eines Teilelieferanten

c) Mehrheitlicher Erwerb der Anteile an einem Konkurrenzunternehmen

d) Fusion eines Groß- und eines Einzelhändlers

Aufgabe 6.3:

siehe 6.3.1

Aufgabe 6.4:

Neben den Ausnahmebereichen (z.B. die öffentlichen Versorger) sind vom grundsätzlichen Verbot nicht betroffen die Anmelde-, Widerspruchs- und Erlaubniskartelle.

Aufgabe 6.5:

siehe 6.3.2

Aufgabe 7.1:

a) Die Elementarfaktoren beziehen sich auf die eigentliche Produktion, wohingegen der dispositive Faktor Managementaufgaben übernimmt.

b) Rohstoffe, Hilfsstoffe und Betriebsmittel. Zur Charakterisierung siehe Punkt 7.2

Aufgabe 7.2:

a) Die personenbezogenen Faktoren können in die Leistungsfähigkeit und die Leistungswilligkeit eingeteilt werden. Die Leistungsfähigkeit wird von Faktoren wie beispielsweise dem Alter, der Begabung oder der Ausbildung beeinflusst, wohingegen die Leistungswilligkeit unter anderem durch die beruflichen Perspektiven, das Entgelt und die Arbeitsbedingungen bestimmt wird.

b) Beim Zeitlohn nehmen die Stückkosten mit zunehmender Ausbringungsmenge ab, wohingegen sie beim Akkordlohn konstant bleiben.

Aufgabe 7.3:

Regelmäßige Wartung, ausreichender Wetterschutz, rechtzeitiges Durchführen notwendiger Reparaturen und Anreize zur Materialschonung durch entsprechende Prämien.

Aufgabe 7.4:

Im Gegensatz zum Abfall wurde in Ausschuss schon Arbeitszeit und Leistungen der Betriebsmittel investiert.

Aufgabe 7.5:

Zielsuche, Operationalisierung der Ziele, Zielanalyse und Zielordnung, Prüfung der Realisierbarkeit, Zielentscheidung, Zieldurchsetzung und Zielkontrolle.

Aufgabe 7.6:

Umfang des Plans (Abteilungs-, Gruppenplan), die Dimension des Plans (Mengen-, Wertgrößen), Plandetaillierung (Grob-, Feinplan), zeitlicher Rahmen des Plans (Kurzfrist-, Langfristplan) und Planungsebene (strategischer oder operativer Plan).

Aufgabe 7.7:

a) Handlungsalternativen, Umweltzustände, Eintrittswahrscheinlichkeiten für die Umweltzustände, Ergebnisse aus Handlungsalternative und Umweltzustand sowie der Zielfunktion.

b) Der Student sollte ein Praktikum machen, da sich bei A2 ein höherer Erwartungswert ergibt (16,5 : 12).

Aufgabe 7.8:

Die beiden Grundformen sind die funktionale und die divisionale Gliederung.

Aufgabe 7.9:

Bei der charismatischen Führung steht die Person des Vorgesetzten und dessen Ausstrahlung im Vordergrund, wohingegen bei einem bürokratischen Führungsstil die Entscheidungen anhand von Formblätter und Handlungsanweisungen getroffen werden. Beim kooperativen Führungsstil versucht man durch die Einbindung der Mitarbeiter in den Zielbildungs- den Planungs- und den Entscheidungsprozess diese stärker zu motivieren.

Literaturempfehlungen

Aktuelle Gesetzestexte

Bestmann, U. (Hrsg.): Kompendium der Betriebswirtschaftslehre, 10. Aufl., München/Wien 2001

Gutenberg, E.: Grundlagen der Betriebswirtschaftslehre, Band 1: Die Produktion, 24. Aufl., Berlin Heidelberg New York 1983

Hahn, D.: PuK-Wertorientierte Controllingkonzepte, 6. Aufl., Wiesbaden 2001

Heinen, E.: Einführung in die Betriebswirtschaftslehre, 9. Aufl., Wiesbaden 1992

Korndörfer, W.: Unternehmensführungslehre, 9. Aufl., Wiesbaden 1999

Korndörfer, W.: Allgemeine Betriebswirtschaftslehre, 13. Aufl., Wiesbaden 2003

Kreikebaum, H.: Strategische Unternehmensplanung, 6. Aufl., Stuttgart 1997

Olfert, K./ Rahn, H.J.: Einführung in die Betriebswirtschaftslehre, 7. Aufl., Ludwigshafen 2003

Seidel, H./ Temmen, R.: Grundlagen der Betriebswirtschaftslehre, 13. Aufl. Troisdorf 2003

Wöhe, G.: Entwicklungstendenzen der Allgemeinen Betriebswirtschaftslehre im letzten Drittel unseres Jahrhunderts - Rückblick und Ausblick, in DBW (1990), S. 223ff

Wöhe, G.: Einführung in die allgemeine Betriebswirtschaftslehre, 21. überarb. u. erw. Aufl., München 2002

Stichwortverzeichnis